Friedrich Wolf
Märchen für große und kleine Kinder

Friedrich Wolf

Märchen für große und kleine Kinder

**

Die Weihnachtsgans Auguste

Anaconda

Die *Märchen für große und kleine Kinder* erschienen zuerst 1946, die Erzählung *Die Weihnachtsgans Auguste*, entstanden 1946, erschien zuerst 1951 in *Bummi – Tiergeschichten für große und kleine Kinder*, beide im Aufbau-Verlag, Berlin. Alle Texte wurde unter Wahrung von Lautstand, Interpunktion sowie sprachlich-stilistischer Eigenheiten den Regeln der neuen deutschen Rechtschreibung angepasst.

Penguin Random House Verlagsgruppe FSC® N001967

Die Deutsche Nationalbibliothek verzeichnet diese Publikation in der Deutschen Nationalbibliografie; detaillierte bibliografische Daten sind im Internet unter http://dnb.d-nb.de abrufbar.

© 2024 by Anaconda Verlag, einem Unternehmen der Penguin Random House Verlagsgruppe GmbH, Neumarkter Straße 28, 81673 München
Alle Rechte vorbehalten.
Umschlagmotive: Adobe Stock
Umschlaggestaltung: Druckfrei. Dagmar Herrmann, Bad Honnef
Satz und Layout: InterMedia – Lemke e. K., Heiligenhaus
Druck und Bindung: GGP Media GmbH, Pößneck
Printed in Germany
ISBN 978-3-7306-1350-4
www.anacondaverlag.de

Für die Möwe Leila

Inhalt

Das Osterhasenfell

Der Frühling war über die Erde gekommen, ein leuchtender, sonniger, bunter Frühling. Die Kinder erwarteten das Osterfest. Für die Osterhasen begannen harte Arbeitstage. Man musste Ostereier sammeln, sie färben und in den Büschen für die Kinder verstecken.

In der Familie des Osterhasen Weißfell herrschte große Aufregung. Ein Teil der Familie war während des Aprilregens erkrankt. Der alte Vater Weißfell litt an Rheuma, und das ist für einen Hasen eine besonders peinliche Sache. Mutter Weißfell musste dem Alten mit Huflattichblättern Kompressen machen. So blieb die ganze Arbeit, die Ostereier zu beschaffen, an dem Jüngsten der Familie Weißfell hängen, an dem Häschen Purzel.

Die Mutter Weißfell war anfangs dagegen, dass Purzel allein die Sache ausführen sollte; denn das Ganze war nicht ungefährlich. Man musste sich nachts in den Hof des Großbauern Schluckebier schleichen, dort trotz des Hundes die Eier aus dem Nest der Hennen nehmen, sie zum Hasenbau zurückbringen, färben und dann wieder als Ostereier, ganz früh am Ostermorgen, für die Kinder in einem Garten verstecken.

Der alte Weißfell krümmte sich auf seinem Lager und stöhnte, dass es einen Stein erweichen konnte. Die jungen Hasen husteten, krächzten und niesten, dass abends die Sterne am Himmel zu wackeln begannen. Auch dem Häschen Purzel kratzte es furchtbar im Halse, aber es hasste die Krankheit. Es wollte einfach nicht krank sein. Und gerade weil die Sache schwierig war, wollte es sie machen … auch ganz allein. Es wollte ins Freie, unter den Sternenhimmel, in die Sonne, zu den Blumen, zu den Farben. Das gefiel ihm sehr. Und was ihm so sehr gefiel, das wollte es auch tun. Das war doch ganz einfach.

So hopste denn das Häschen Purzel zwei Nächte vor Ostern zu dem Hof des Großbauern Schluckebier. Vor dem Stall lag an einer langen Eisenkette der Wolfshund Lux. Kaum war Purzel im Hof, so fing Lux furchtbar an zu knurren. In diesem Moment trat gerade der Mond aus den Wolken hervor. Purzel stand vor dem riesigen Wolfshund. »Solch eine Frechheit habe ich in meinem langen, zehnjährigen Leben noch nicht gesehen!«, knurrte Lux grimmig. »Da rollt so ein winziges weißes Fellknäuel nachts in meinen Hof! Hoho, auf dich habe ich grade gewartet als Dessert zu meinem Abendessen! Für dich ist grade noch Platz in meinem rechten hohlen Backenzahn!« Dabei drehte der mächtige Wolfshund seine Augen im Kreise herum wie zwei Mühlräder und sperrte sein Maul auf wie ein Scheunentor, in dem die Zähne wie scharfe Sensen blitzten. »Sprich schnell dein letztes Gebet, und dann lass dich fressen!«

»Darf ich wenigstens vorher Ihren werten Namen erfahren, mein Herr?«, sagte Purzel, um Zeit zu gewinnen, während sein Herzchen zum Zerspringen schlug. »Ich stamme nämlich aus guter Familie und möchte doch wissen, von wem ich die Ehre habe, gefressen zu werden.«

»Mein Name ist Lux, von Beruf Kettenhund! Und nun genug!«

»Mein Name ist Weißfell, Purzel Weißfell. Mein Beruf besteht in meinen Fähigkeiten: Ich kann hopsen, einen Haken schlagen, Männchen machen, im Mondschein tanzen, Klee fressen, von den Blumen farbigen Tau trinken und vor allem in der Sonne liegen.«

»Hohoho! Hauhauhau!«, heulte der alte Wolfshund da auf. »Hohoho, in der Sonne liegen und farbigen Tau trinken, tanzen und Männchen machen, das ist wohl auch ein Beruf! Wo hast du denn das gelernt?«

»Gelernt?«, fragte Purzel erstaunt. »Gelernt? Ich kann es einfach.«

»Kannst du auch knurren und bellen?«

»Vielleicht. Aber ich will es nicht. Wenn ich es wollte, würde ich es auch können.«

»Hohoho! Hauhauhau!«, krümmte sich da Lux vor Vergnügen. »Du kleiner Gernegroß, du weißer Schneeball, du Tröpfchen Mondspucke willst bellen können?!«

»Sie bedienen sich unfeiner Worte, Herr Lux«, tadelte Purzel den großen Wolfshund. »Solche Worte bin ich von zu Hause nicht gewohnt! Zudem, wie sitzen Sie denn da? Die Zunge herausgehängt wie ein wildes Untier, die Pfoten vorgestreckt, als gäbe es nur Sie allein auf der Welt, und den Rücken gekrümmt, als seien Sie ein uralter Hund von zwanzig Jahren!«

Kaum hatte Lux die letzten Worte gehört, so schloss er sein Maul, zog seine mächtigen Pfoten an seinen Leib und legte sich kerzengerade hin; denn uralt wollte er keinesfalls erscheinen.

»Sie lagen die ganzen letzten Jahre an der Kette«, fuhr Purzel jetzt fort. »Man merkt es an Ihren Manieren! Sie kennen nur Ihren Hof und Ihren Wachtdienst! Aber Sie wissen nicht, was das Leben und die Welt bedeuten, wie man sich außerhalb der Mauern Ihres Hofes gut und leicht bewegen kann. Wollen Sie bitte einen Augenblick herschauen, Herr Lux!«

Und Purzel, das Häschen, hatte schon während der letzten Worte begonnen, sich in den zierlichsten Sprüngen zu bewegen, es hopste in schwungvollen Bögen nach rechts und nach links, es machte die komischsten »Männchen« auf seinen Hinterpfoten, dann sprang es plötzlich hoch in die Luft und schoss einen Freudensprung, einen Salto mortale, einen »Purzelbaum« – wobei es exakt wieder auf sein Stummelschwänzchen zu sitzen kam –, einen ganz wunderbaren Purzelbaum! Denn gerade wegen dieser Fähigkeit hieß es ja »Purzel«. Das Ganze sah aus wie ein wilder und doch spielend leichter akrobatischer Tanz, so als wäre eine Silberkugel rasend geworden und tollte da im Mondlicht umher.

Lux, der Wolfshund, war von diesem tollen Spiel und Tanz völlig berauscht. Er schloss ein paarmal die Augen, als traue er sich nicht länger hinzusehen; dabei brummte er leise: »Aber jetzt musst du hier vom Hofe weggehen, sonst ...«

»Ich muss gar nichts, Herr Lux«, flüsterte Purzel in sein Ohr. »Ich tue stets das, was mir gefällt und was mir und vielleicht auch den andern Freude macht! Das ist das heilige Gesetz des Osterhasen, verstehst du mich?«

Aber der riesige Wolfshund verstand schon gar nichts mehr. Er antwortete nicht, er hatte den Kopf auf seine Pfoten gelegt und schnarchte leise. Seine Oberlippe war hochgezogen, sodass man seine mächtigen weißen Fänge im Maul blinken sah: Dennoch schien das nicht schrecklich, vielmehr als ob er im Traum lächle.

Purzel hatte in seinem Säckchen fünfzehn blendend weiße Eier nach Hause gebracht. Der alte Weißfell und die ganze Familie besahen voller Bewunderung die Beute. Doch noch war eine große Arbeit zu tun. Die Eier mussten gefärbt und für die Kinder am Ostermorgen versteckt werden. Auch das hatte Purzel allein auszuführen. Die andern fürchteten nämlich, dass der Großbauer Schluckebier und der Wolfshund sich bald auf die Suche nach den geraubten Eiern machen würden. Deshalb drängten sie Purzel, dass es sich schleunigst mit den Eiern aus dem Bau entferne.

Purzel nahm sein Säckchen mit den Eiern auf den Rücken und zog wieder allein seines Wegs. Es schlug jetzt eine dem Hof des Großbauern entgegengesetzte Richtung ein. Es stieg den Berg hinan zum Holzfäller Feuerriegel, der fünf kleine Kinder, aber wenig Geld und Nahrung besaß. Die Familie Feuerriegel wohnte hoch oben am Rande einer Schlucht, am »Höllsteig«. Dort standen dunkelgrüne Tannen, wuchsen Wacholdersträucher und Heidekrautbüsche. Dort wollte Purzel die Eier für die Kinder des Holzfällers verstecken.

Zuerst aber mussten sie gefärbt werden. Woher nur die Farbe nehmen? Denn das stand für Purzel fest: toll bunt mussten die Eier werden – blau, rot, gelb und grün, richtige Ostereier! So wollte es Purzel. Und was Purzel wollte, das musste geschehen! Das war sein Osterhasengesetz!

Purzel hopste über die Wiesen. Es war noch früh am Morgen. Das Osterhäschen setzte sich auf sein Stummelschwänzchen und dachte nach.

»Was hast du, Purzel?«, fragte vor ihm eine große blaue Glockenblume. »Bist du traurig?«

»Ich brauche für meine Ostereier solch blaue Farbe wie das Blau deiner Blüten«, antwortete Purzel.

»Weil du's bist, Purzel«, nickte die Glockenblume.

»Trinke meinen Tau, aber küsse mich dabei recht fest, so wirst du im Tau die Farbe meiner Blüte haben.«

Purzel nahm die Glockenblume recht zart zwischen seine Pfötchen und küsste sie lange. Da ward der Tau in dem Blütenkelch der Glocke tiefblau, und Purzel bemalte mit ihm drei seiner Ostereier.

»Dank dir, liebe Glockenblume!«, sagte Purzel. »Aber woher nehme ich jetzt die rote Farbe?«

»Komm zu mir! Komm zu mir!«, rief es von einem Feld her. Da stand in der Sonne ein erster junger Mohn. »Schau mich mit deinen Augen an, recht fest und recht lange! In deinen Augen strahlt die Sonne doppelt stark wider, und ich liebe so die Sonne!«

Purzel richtete seine Augen auf den jungen Mohn, ganz nahe senkte es seine Augen auf ihn. Da begann es aus dem Mohn wie rotes Blut zu tropfen. Und Purzel färbte fünf seiner Ostereier blutrot.

Am Bachrand standen die goldgelben, fetten Dotterblumen. Sie quollen über vor Saft. Purzel brauchte sie bloß an sich zu drücken, und sie ließen so viel goldgelbe Farbe, dass es noch fünf Ostereier in Goldgelb tauchen konnte. Die letzten zwei Eier aber färbte Purzel grün, indem es Huflattichblätter kaute und sie mit seiner grünen Zunge beleckte.

Nun war aber unbemerkt Folgendes geschehen: Das Häschen Purzel hatte jedes Mal, wenn es mit roter, blauer oder gelber Farbe die Eier bestrich, sich die farbigen Pfötchen an seinem Fell abgewischt und zuletzt – als es das Unheil bemerkte – versucht, mit der Zunge die Farben von seinem Fell abzulecken. Aber da seine Zunge von dem Huflattichkauen noch ganz grün war, so kamen zu den roten, blauen und gelben Flecken nun auch noch grüne Placken auf das ehedem so blendend weiße Fell. Das Häschen Purzel sah jetzt selbst wie ein großes, bunt bemaltes Osterei aus.

Einen Augenblick lang war Purzel, als es sich im spiegelnden Bachwasser anschaute, sehr bestürzt über sein *Osterhasenfell*. Doch was war zu tun? Man musste schnell die farbigen Ostereier zu der Feuerriegelfamilie hoch oben an die Schlucht bringen und sie für morgen verstecken.

Purzel machte sich auf den Weg. Wieder ging es durch blumige Wiesen. Sie standen voller blauer Glockenblumen, auch der rote Mohn war dazwischengesprenkelt, die weißen Margeriten strahlten aus den grünen Wiesen, die gelben Dotterblumen, die violetten Krokusse und das rosa Wiesenschaumkraut mischten sich darein. Bunt stand die Wiese, bunt war die Welt, und das Häschen Purzel mit seinem Osterhasenfell und dem Sack mit den Ostereiern auf dem Rücken hopste durch diesen bunten Frühlingstag.

Hoch oben an dem »Höllsteig« bei dem Feuerriegelhaus schlich Purzel vorsichtig zwischen den Wacholdersträuchern einher und begann die bunten Ostereier zu verstecken: drei unter den Heidekrautbüschen, eins in das blecherne Maul der Regentraufe, zwei bei den Bienenstöcken, eines in einen Puppenkinderwagen, den die kleine Liesel an der Tür hatte stehen lassen, zwei legte es leise auf das Fensterbrett, indem es sich auf den Hackklotz stellte, für drei andere scharrte es eine niedliche »Burg« aus dem Sand und legte sie hinein, nachdem es ringsherum aus abgebissenen Blumen sichtbare »Fähnchen« gesteckt hatte, damit auch die kleinsten Geschwister sie fänden. Die letzten bunten Eier aber klemmte es zwischen die mächtigen, bemoosten Wurzeln der riesigen Tannen.

Purzel hatte so angestrengt gearbeitet, dass es die wütenden Rufe des Großbauern Schluckebier und das Gebell des Wolfshundes Lux erst hörte, als diese schon fast auf der Höhe des »Höllsteigs« waren. Purzel sprang dem Abgrund zu; aber die Schlucht war zu breit, und drunten gähnte die schwarze, furchtbare Tiefe. Purzel rannte den Rand der Schlucht entlang, ob sie nicht doch irgendwie schmäler wurde. Jetzt hatten Schluckebier und Lux das Häschen bemerkt. Eine wilde Jagd begann.

Der große Wolfshund konnte Purzel nicht fassen, weil das Häschen im letzten Moment stets einen »Haken« schlug, sodass Lux viele Meter an ihm vorbeischoss, während Purzel bereits in entgegengesetzter Richtung lief. Dabei verfolgte es die Taktik, immer mehr rückwärts nach dem Wiesengelände und dem Bach zu gelangen. Nach einer halben Stunde wilden Jagens und Fliehens hatte Purzel sein Ziel erreicht, sprang über den kleinen Bach in großem Bogen hinüber, stieg gleich am anderen Ufer in das flache Wasser und lief – unter den breiten Huflattichblättern geduckt – im Wasser weiter, einige hundert Meter weiter, bis es das Wiesengelände mit dem hohen Gras und den vielen bunten Blumen erreichte. Dort hopste es ein Stück weiter quer hinein in die Wiesen und legte sich mitten unter die blauen Glockenblumen, den roten Mohn und die goldgelben Dotterblumen. Fern klang das zornige Gebell des Wolfshundes Lux, der vergeblich die Spur von Purzel suchte, die sich im Wasser des Baches verloren hatte. Bald hörte man auch das wütende Schimpfen des Großbauern Schluckebier; und nun begann der Wolfshund kläglich zu heulen, offenbar weil sein Herr ihn furchtbar prügelte wegen seiner Unfähigkeit, den kleinen Osterhasen Purzel zu fangen.

Purzel richtete sich vorsichtig zwischen den Blumen und dem Gras auf. Er konnte bemerken, wie der Großbauer mit einem langen Fernglas die Wiesen und Felder absuchte.

Schnell duckte sich Purzel. Aber dann richtete es sich wieder hoch, nachdem es einen Blick auf sein Fell und die blumigen Wiesen geworfen hatte. Sein buntes Osterhasenfell sah ja genau aus wie ein Teil der Wiese selbst. Auch mit dem schärfsten Fernglas konnte man das bunte Fell des Häschens Purzel nicht von der farbigen Frühlingswiese unterscheiden. Purzel knabberte ein bisschen an dem saftigen Gras, dann legte es sich zwischen die bunten Blumen nieder. Und immer wieder hörte es das klägliche Heulen des Wolfshundes Lux, den sein Herr prügelte, weil er das Häschen nicht hatte packen können.

Purzel spürte einen Augenblick das Heulen des Lux in seinem Herzen, so als sausten die Schläge auf sein eigenes buntes Fell nieder. Der Wolfshund hatte vor zwei Tagen in der schönen Mondnacht doch seinen Sprüngen, Künsten und Tänzen so nett zugeschaut; er hatte es sich gefallen lassen, dass Purzel ihm seine Osterhasenweisheit ins Ohr flüsterte, er war darüber eingeschlafen, hatte sogar im Schlaf gelächelt und es – Purzel – in den Hühnerstall zu den Eiern gelassen, ohne sich groß als Wachhund aufzuspielen. Offenbar hatte Lux inzwischen alles wieder vergessen, die schöne Mondnacht, die Tänze von Purzel und seine doch so nette Osterhasenweisheit. Sonst hätte er sich nicht von dem rohen Großbauern Schluckebier auf das kleine Häschen Purzel hetzen lassen, um es zu packen, damit Schluckebier es totschlüge. Nein, Lux war ein Kettenhund! Nun musste er die Folgen tragen und sich von seinem Herrn prügeln lassen! Und doch ist Lux – der riesige Wolfshund – eigentlich viel stärker als sein Herr. Er konnte Schluckebier mit einem Sprung niederwerfen und in Stücke reißen! Und dann frei sein! Und dann würde Purzel ihm öfters vortanzen und seine netten Geschichten und Weisheiten aus der Osterhasenwelt erzählen, aus der Welt; die voll ist von Blumen und Farben, von Sonne und Sprüngen in die freie Landschaft, in Wiesen, in stille Wälder mit Sauerklee und Anemonen, in endlose, dunkelblaue Sternennächte, wo man durch das schweigende Land streifen kann nach Herzenslust.

Immer noch heult der geprügelte Wolfshund. Lass ihn heulen! Das Häschen Purzel streckt sich lang und schläft ein, während die warme Sonne über sein buntes Osterhasenfell streicht und die Blumen sich leise diese neueste Geschichte aus ihrem riesigen, bunten und freien Erdreich zuflüstern ... aus jenem Reich, das hundert Schluckebiere, und würden sie mit hundert Wolfshunden jagen, niemals erobern können.

Purzel und Drax

Es waren die letzten warmen Herbsttage. Die Sonne schien wie durch einen silbernen Schleier auf die Erde. Die wenigen gelben und blutroten Blätter, die noch an den Zweigen hingen, flatterten wie müde Schmetterlinge hierhin und dorthin auf den Waldboden und über die kahlen Felder. Auf den Wiesen standen nur noch die grauen Wuschelköpfe der Disteln; ihre Tausende grau befiederten Samen schwebten wie kleine Flugzeuge im leichten Wind der Dämmerung.

Ja, die Tage wurden fühlbar kürzer. Schneller kroch der Nebel vom Bachrand herauf.

»Vorwärts, Kinder«, mahnte Vater Weißfell, der Hase, »wir müssen unseren Bau für den Winter herrichten! Frisches Moos und Heu als Matratzen hinein! Kohlblätter und Mohrrüben in die Vorratskammern! Und vor allem Notausgänge nach allen Seiten graben, falls der Schnee uns verschüttet! Das ist deine Aufgabe, Purzel!«, befahl er.

Das Häschen Purzel begann mit seinen Geschwistern die Mulde für den Winteraufenthalt der Familie Weißfell am Rande einer Kiesgrube auszuwühlen. Aber bald schmerzten ihm seine Pfötchen. Zudem schien grade die letzte Herbstsonne. Immer wieder löste sich ein Blatt vom Wipfel der hohen Buche und tanzte im Winde weiter über die braunschwarze Erde. Und auch das Häschen Purzel spürte in sich eine unbezähmbare Lust, bevor es Winter wurde, noch einmal zu tanzen und seine berühmten Purzelbäume zu schlagen.

»Lass das, Purzel!«, sagte sein älterer Bruder Pepo. »Genug gesprungen und getanzt! Jetzt heißt es arbeiten, so wie der Vater es befohlen hat!«

Purzel grub weiter mit seinen Pfötchen an dem Notausgang aus der Mulde. Seine Pfötchen schmerzten mehr und mehr; es arbeitete mit der Schnauze; auch das war kein Vergnügen. Aber Purzel konnte nur das mit Erfolg machen, was ihm Vergnügen machte; das war für es genauso ein Gesetz wie für den Kettenhund Lux das Knurren und wie für den Specht Pit Pikus das Klopfen an den Bäumen.

»Ich werde die Erde, die ihr herausgewühlt habt, forttragen«, sagte Purzel zu Pepo, »dann habt ihr hier mehr Luft und Platz!«

Gesagt, getan.

Purzel schleppte in seiner aus Kohlblättern verfertigten Tasche die ausgewühlte Erde über das Feld weg zum Waldesrand. Und jedes Mal, wenn es die Erde weggeschüttet hatte, schaute es sich um, ob die Geschwister es nicht sahen; und dann begann es zu tanzen und Purzelbäume zu schlagen nach Herzenslust. Denn ohne Purzelbäume war für Purzel das Leben einfach kein Leben. Das sagte doch schon sein Name!

Wie nun Purzel – am Waldrand kroch schon der Herbstnebel über den Boden – wieder einmal die Erde weggeschüttet hatte und an seinen Tänzen und Purzelbäumen sich erfreute, da plötzlich verlor es den Boden unter sich, aus einem Purzelbaum wurden zwei, es rutschte wie von selbst in ein tiefes Loch oder in einen halbdunklen Gang. Und da saß ein unheimliches Wesen mit braunschwarzem Gesicht und einem Bart.

»Ha, du toll gewordener Schneeball!«, sagte das schwarzbraune, bärtige Wesen. »Was tust du hier in meiner Höhle und zerstörst den Eingang zu meinem Winterbau, du wirbliger Eisklumpen?!«

»Ich bin kein Schneeball und kein Eisklumpen!«, entgegnete Purzel. »Ich bin Purzel Weißfell!«

»Das kann jeder sagen!«, erwiderte das braunschwarze, bärtige Wesen. »Ich jedenfalls bin *Dagobert*, der Dachs, der Herr dieser Höhle! Aber was hast du für Beweise?«

»Beweise?«, fragte Purzel erstaunt.

»Nun, dass du Purzel Weißfell bist!«

»Da brauchst du doch bloß mein Fell zu berühren; so ein Fell gibt es auf der Welt nur einmal.«

»Schnickschnack!«, sagte der alte Dachs Dagobert verächtlich; aber als er Purzels Fell dann berührte, da fing er seltsam an zu brummen, und sein Bart kräuselte sich vor Vergnügen. »Bei meinem Bart und meinen edlen Ahnen«, brummte er, »das ist schon ein Fell! Du wirst den Winter bei mir in der Höhle bleiben und mir den Rücken wärmen! Denn ich leide sehr am Rheuma-Zipperlein!«

Gesagt, getan.

Das Häschen Purzel war der Gefangene des ehrwürdigen bärtigen Dachses Dagobert und seiner Familie.

Denn in der Winterhöhle lebte auch die große Familie Dagoberts. Da war zuerst Dascha, Dagoberts Frau, eine dicke rundliche Dächsin, die kaum durch die engen Gänge des Baus hindurchging. Da waren die drei jungen Söhne Dagoberts mit den Namen Drox, Drix und Drax.

Dascha, die Hausfrau, schien zuerst gar nicht erfreut über den Gast und neuen Fresser; denn der Wintervorrat war von ihr für jedes Familienmitglied genauestens eingeteilt. Umso froher aber waren Drix und Drax. Denn Purzel – das bedeutete eine Abwechslung vor dem langen, langweiligen Winterschlaf.

Drax, der jüngste Sohn, war sehr energisch und tatendurstig. Er hoffte mit oder für Purzel irgendeine ruhmvolle Tat zu tun; er hatte von seiner verstorbenen Großmutter Dragozennaja eine Geschichte von silbernen Prinzessinnen gehört, die man durch Heldentaten befreien musste. Drix, sein Bruder, war nicht so ernst veranlagt. Er war mehr lustig und leichten Sinnes; er hatte sich Nüsse und Äpfel gesammelt und spielte damit den ganzen Tag in den Gängen der Dachshöhle Kegel; er war leidenschaftlicher Spieler, und Purzel sollte mit ihm Kegel schieben. Anders der älteste Sohn Drox; er war mürrisch und faul; seine Gedanken waren: fressen und schlafen, was eigentlich sein einziger Gedanke war. Er sah scheel auf das Häschen Purzel, das mit am Tische saß.

Die Hausfrau Dascha wollte nun Purzel als Magd zum Reinemachen des großen Baus erziehen. Dagobert aber, der Vater, hatte – wie schon erwähnt –

die Absicht, das Häschen als Wärmflasche für sein Rheuma zu benutzen.

»Wo ist Purzel?«, hieß es immerzu.

»Purzel, hier nimm den Besen und fege die Gänge!«, befahl die Hausfrau.

»Purzelchen, wir wollen spielen!«, rief Drix.

»Schneeball, komm mich wärmen!«, brummte Vater Dagobert streng.

»Wie kann ein Schneeball dich wärmen?«, meinte Dascha beleidigt zu ihrem Gatten.

»Es gibt auch warme Schneebälle!«, erklärte Dagobert gebieterisch.

»Oho, bin ich nicht fetter und wärmer als dieser dünne, weiße Wurm?«, zürnte Dascha und wiegte sich stürmisch in ihren mächtigen Hüften, dass die Erde von den Wänden bröckelte und der ganze Bau zu wackeln begann.

»Schon gut!«, beschwichtigte sie Dagobert, der für seine Winterhöhle fürchtete. »Du wirst an meiner Schulter liegen und der Schneeball an meinem Rücken!«

Gesagt, getan.

Als die Gänge der Dachshöhle für den Winterschlaf verschlossen waren und die lange Nacht begann, da lag Dascha an der Schulter ihres Gatten und Purzel am Rücken Dagoberts. Und bald war die Höhle von einem gewaltigen Schnarchkonzert erfüllt, während draußen die Schneeflocken immer dichter fielen und die Erde selbst ihre große, weiße Decke sich über die Ohren zog.

Aber das Häschen Purzel konnte nicht schlafen. Es dachte an die goldene Sonne, an die grünen Wiesen, an die gelben Löwenmäulchen, den roten Mohn, die blauen Glockenblumen und die weißen Anemonen mit dem feinen rosa Kelch, der sogar zwischen Schnee und Frühlingssonne hervorschaut. Es dachte an seine Tänze im Vollmondschein vor dem Kettenhund Lux und an seine Purzelbäume mit den Geschwistern. Das alles war jetzt aus?! Hier sollte es bewegungslos im Dunkeln liegen, ohne Tageslicht, ja ohne sich zu rühren?

Und eine Träne begann aus Purzels Auge zu fließen und noch eine und viele, sehr viele Tränen.

Drax aber, der jüngste Sohn Dagoberts, zog im Schlaf plötzlich seine rechte Hinterpfote an und dann seine linke; und dann wischte er sich mit der rechten Vorderpfote über die Nase und mit der linken über die Augen. Was war das?

Seine rechte Hinterpfote brannte wie Feuer und die linke auch. Er wollte böse knurren; aber es wurde bloß ein behagliches Brummen. Ein warmes Bächlein rann um seine Füße, und es leuchtete zauberhaft in der dunklen Höhle wie ein saphirblaues Band.

Was ist das? dachte Drax.

Leise richtete er sich auf und kroch in der Richtung des Bächleins, das ein so wunderbares blaues Licht ausstrahlte.

»Wer ist da?«, fragte Purzel leise.

»Ich bin's, ich – Drax.«

»Auch du kannst nicht schlafen?«

»Du hast mich geweckt.«

»Ich?«

Wie Drax jetzt Purzel das blau leuchtende Bächlein zeigen wollte, war es verschwunden. Purzel weinte nicht mehr. Drax aber verstand, dass es Purzels Tränen waren, die zum Bächlein zusammengeronnen waren.

»Und weshalb kannst du nicht schlafen, Purzel?«, fragte Drax.

»Weil …«, Purzel zögerte.

»Nun, sage es mir doch!«

»Weil ich gerne tanzen und meine Purzelbäume schlagen möchte; ohne das kann ich nicht leben.«

»Nun, da kann man vielleicht helfen«, meinte Drax. Und Drax führte Purzel leise durch die unterirdischen Gänge zu einer Kreuzung, wo mehr Platz war. Ah, wie viel leichter wurde es Purzel! Es hob sich auf die Zehen, drehte sich einmal und begann vorsichtig zu tanzen. Drax hatte aus einer Nische ein Glühwürmchen mitgenommen; das hielt er hoch. Da tanzte Purzel schon seinen schönsten Wirbeltanz, und zum Schluss sprang es hoch und machte seinen berühmten Purzelbaum. Der ganze vorher finstere Gang war jetzt hell wie ein Festsaal; denn überall schwebten neugierige Glühwürmchen herum und funkelten mit ihren blauen und grünen Lichtern.

Purzel war glücklich. »Ach, du guter Drax!«, sagte es und fuhr dem Freund mit seinem weichen Pfötchen über die Nase.

Und auch Drax war so glücklich, dass sein Bärtchen sich kräuselte.

Das ging eine Zeit. Aber eines Nachts spürte Drax wieder das warme, blau leuchtende Bächlein an seinen Pfoten.

»Weshalb hast du geweint, Purzel?«, fragte er.

»Weil …«, Purzel zögerte.

»Nun, sage es mir doch!«

»Weil ich hier unten friere und weil ich ohne die Sonne nicht leben kann.«

Drax runzelte nachdenklich die Stirn, sodass die Haare seines Bärtchens von dem angestrengten Denken wie starre Borsten standen. Endlich sagte er: »Ich werde einen Gang für dich nach außen frei machen. Du kannst dann zur Mittagszeit in der Sonne tanzen. Doch wenn die Sonne untergeht, komm ja zurück! Ich werde unten auf dich warten und dann den Gang wieder schließen, da wir sonst alle erfrieren.«

Gesagt, getan.

Drax schaufelte mit seinen Pfoten die steinhart gefrorene Erde nach dem Ausgang zu locker. Seine Pfoten schmerzten ihm, sie waren von der eiskalten, festen Erde blutig gerissen. Purzel wollte ihm helfen. Aber Drax erlaubte es nicht. Er fühlte sich wie ein Held, der eine wunderbare gefangene Freundin befreit, die saphirblaue Tränen weint. Er hätte die Verehrte zu gern bei sich behalten; doch er war zu scheu und zu stolz, ihr dies zu sagen.

Plötzlich brach ein goldener Sonnenstrahl in den finstern Gang.

»Jetzt kannst du hinaus, Purzel!«, erklärte Drax und stellte sich wie ein Posten aufrecht am Ausgang auf.

»Denke daran, die Sonne bleibt im Winter nicht lange am Himmel!«

»Jaja, mein Guter!«, jubelte Purzel, fuhr ihm mit seinem Pfötchen über die Nase und sprang hinaus.

Ringsum glitzerte der Schnee wie Millionen Diamanten. Die Sonne drehte sich wie ein riesiges goldenes Rad am blaugrünen Himmel. Sonst war es still.

Purzel machte ein paar Sprünge im Schnee. Hu, war das kalt! Man musste schneller springen, wenn die Pfoten nicht anfrieren sollten. Jetzt hopste Purzel in immer größeren Kreisen um den im tiefen Schnee versunkenen Dachsbau. Und bald begann das Häschen Purzel zu tanzen, und wie es tanzte, dachte es schon an gar nichts mehr. Es merkte auch nicht, wie in seinem Rücken ein Wind aufkommt, wie der Wind es im Tanz immer weiter wegtreibt von dem Dachsbau, wie der Himmel plötzlich dunkelgrau wird, wie Erz und wie dicke Schneeflocken mit ihm um die Wette wirbeln. Schließlich muss Purzel einmal Atem holen. Der Schneesturm peitscht ihm messerscharf ins Gesicht. Wenn Purzel jetzt nachgibt und sich hinlegt, so ist es verloren! Also tanzt es weiter wie besessen, um nicht vom Schnee begraben zu werden, um nicht zu erfrieren.

Das Häschen Purzel tanzt um sein Leben!

Und plötzlich sieht es, wie der Himmel sich noch mehr verdunkelt. Ein großer, schwarzer Vogel schwebt über ihm; er hält in seiner Klaue eine rötlich glänzende Kugel. Und dieser große, schwarze Vogel scheint dem

Häschen Purzel in dem Schneesturm zu folgen. Purzel tanzt weiter in dem Wirbel des Sturms und in seiner Todesangst. Wie aber der Vogel sich zu ihm hinabneigt, da nimmt Purzel all seine Kraft zusammen und macht einen so mächtigen Purzelbaum, dass der Vogel von Purzels Hinterpfoten am Kopf getroffen wird und die glänzende Kugel fallen lässt.

Eine Flamme zuckt aus dem Schnee; doch Purzel stürzt darauf – es hält eine goldene Kugel in seinen Pfoten.

Über ihm schwebt der große, schwarze Vogel. »Wirf meine Kugel in die Luft, dass ich sie im Fluge fange; ich darf den Boden nicht berühren; ich bin der Todesvogel *Korro*. Ich trage in der kleinen Kugel das Leben von tausend Millionen Wesen!«

»Also auch das Leben von Drax, der auf mich wartet?«, fragt Purzel.

»Wirf die Kugel hoch!«, befiehlt der Vogel.

»Erst zeige mir den Weg zu Drax!«, sagt Purzel.

»Dazu habe ich kein Recht!«

»Weshalb?«

»Weil Drax noch lebt; aber bald wird er in meinem Reich des Todes sein; dann werde ich dich führen.«

Plötzlich wird es Purzel klar, dass Drax in großer Gefahr schwebt. Drax hat Purzel versprochen, trotz der schneidenden Kälte am Eingang der Höhle zu warten; er wird bestimmt erfrieren.

Purzel beginnt mit der goldenen Kugel in wilder Flucht davonzuhopsen. Doch bald sinkt es erschöpft in den Schnee. Der große Vogel kreist immer noch über ihm. Purzel, die goldene Kugel fest an sich gepresst, fällt in einen Schlaf.

Und im Schlaf sieht das Häschen Purzel seinen Freund Drax an dem Eingang zur Höhle stehn; er ist schon ganz starr vor Kälte, nur seine Lippen murmeln leise: »Jaja, Purzel ... es hat mich längst vergessen; es liebt zu sehr zu springen, zu tanzen, Purzelbäume zu schlagen und zu tun, was ihm selbst gefällt. Ob es jemals wiederkommen wird? Ganz gleich, ich werde hier stehen und auf es warten.«

»Siehst du den nicht, lieber Drax, dass ich nicht kann?«, fragt Purzel im Traum.

»Ich sehe, ich sehe!«, antwortet Drax. »Du musst sein, wie du bist! Du musst hierhin und dorthin springen, du kannst nicht an einem Ort und nicht bei einem Wesen bleiben, darin musst du dir wohl treu bleiben. Das ist dein Gesetz.«

»Ich kann sonst nicht treu sein?«, fragt Purzel erregt. »Glaubst du wirklich, dies sei mein Gesetz, Drax?«

Aber Drax schaut starr in den endlosen Fall der Schneeflocken; und wie Purzel ihm mit seinem Pfötchen über die Nase fahren will, sind Drax und der Traum im weißen Nebel verschwunden.

Purzel ist aufgewacht von einer Hitze und Flamme. Die Kugel ist ihm aus den Pfötchen gerutscht. Purzel nimmt sie schnell wieder hoch. Da sieht es, wie ringsum der Schnee geschmolzen ist und wie eine seltsame Spur sichtbar wird ... es ist die Spur von Purzels Pfötchen, als es damals von der Höhle wegtanzte und in den Schneesturm geriet. Wie lange das wohl her ist? Wie lange das Häschen Purzel schlief und träumte? Endlos kommt es ihm vor.

Und wie lange mag der gute Drax wohl gewartet haben? Keine Minute ist zu verlieren!

Purzel bemerkt in dem von der flammenden Kugel aufgetauten Schnee ein-zwei-drei-vier-fünf Tapsen seiner Pfötchen; die Richtung ist jetzt klar; Purzel beginnt in der Richtung davonzuhopsen, als säße ihm selbst der Tod im Nacken.

Und leise schwebt der große, schwarze Vogel hinter ihm her.

So gelangt Purzel zu der Winterhöhle der Dachse. Fast wäre es hereingefallen; denn die Eingangstür ist noch offen, und in der Tür steht, starr und stumm wie ein Posten eine schwarzbraune Gestalt.

»Drax! Mein Drax!«, ruft Purzel und schließt den stummen Freund in seine Arme.

Und wieder hat Purzel die goldene Kugel vergessen, die es doch bei allem Rennen fest an sich gepresst trug. Wieder ist die Kugel zur Erde gerollt, und schon schießt eine rotgelbe Flamme hoch, die immer höher steigt. Aber Purzel kann sich diesmal nicht entschließen, die flammende Kugel sofort zu greifen; hält es doch den erstarrten oder toten Freund in seinem Arm.

Die Flamme steigt höher und höher. Da ist auch der große schwarze Todesvogel Korro, der immer noch über Purzel kreist und jetzt nach der züngelnden

Flamme greift; doch schon ist das Flammengebilde selbst ein mächtiger Vogel, ein starker goldner Falke, er senkt seinen flammengoldenen Schnabel ins Herz des schwarzen Vogels.

Ein schwerer, dicker roter Blutstropfen fällt zur Erde ... und noch einer, eine ganze Spur, je mehr, je weiter die kämpfenden Vögel verschwinden. Und wo die Blutstropfen hinfallen, da schmilzt der Schnee, da schießen Anemonen, Krokusse und Himmelsschlüssel aus dem weichen, braunen Boden; ein erster warmer Wind schleicht zu ihnen über den Hügel.

»D-u?«, sagt Drax und atmet tief auf, während ihm Purzel sanft über die Nase streicht, »wirklich du ...?«

»Glaubst du es nicht?«, lächelt Purzel.

»Ich hatte geträumt ...«

»Dass ich nicht mehr käme ...«

»Nein, dass du tausend Pfötchen hättest und jedes Pfötchen war eine kleine, goldne Flamme ... aber das ist ja alles Unsinn! Wir müssen jetzt schnell zu meinem Vater; schau, die Wiese steht schon voll von Blumen! Wie lange hab ich denn geschlafen? Komm! Wenn Vater es merkt ...«

In der Höhle ist es noch dunkel und warm; es riecht nach Heu und Moos. Das mächtige Schnarchkonzert tönt in voller Stärke und Vielfalt durch den Dachsbau.

Purzel legt sich leise an den Rücken des Vaters Dagobert und Drax neben Purzel.

Aber die beiden haben wohl den Frühlingswind mit hereingebracht. Denn Dagobert, der alte Dachs, beginnt sich zu dehnen und alle Pfoten straff auszustrecken; dann dreht er sich plötzlich auf die andere Seite und berührt Purzels Fell.

»Ei, ei, wem gehört denn das kleine, weiche Fellchen?«, fragt er, zufrieden brummend. »Bist du noch da, Schneeball?«

»Gewiss!«, antwortet Purzel.

Dagobert richtet sich jetzt auf; es geht ganz leicht. »Ei, ei, das ist wunderbar! Mein Rheuma-Zipperlein ist ganz verschwunden! Das macht dein weiches Fell, Schneeball! Bist doch ein treues Wesen, Schneeball! Bist du es nicht?«

»Gewiss!«, antwortet Purzel und fährt mit seinem linken Vorderpfötchen Drax heimlich über die Nase, dass dessen Bärtchen sich vor Vergnügen kräuselt und ein Barthaar ihm ins Nasenloch gerät, sodass er furchtbar zu niesen anfängt.

Da wachen auch die anderen Dachse auf. Und während Draxens Niesgewitter durch die Höhle schallt, ruft Dascha, die Hausfrau: »Wo ist denn Purzel? Purzel, nimm den Besen ...«

»Purzelchen, wir wollen spielen!«, schreit Drix.

»Gibt's denn nichts zu fressen?«, knurrt Drox.

Kein Zweifel, die Dachse sind aus ihrem Winterschlaf erwacht; das bedeutet aber, dass nunmehr der Winter wirklich zu Ende ist. Und auch unser Märchen von dem Häschen Purzel ist zu Ende ... wenigstens für heute.

Die drei in Mexiko

Nichts fällt so schwer, als das Glück und die Schönheit einmal gesehen zu haben und dann von ihnen gerissen zu sein. Und nichts ist mächtig wie der Drang, das Leben und die Freiheit wiederzuerlangen.

Lux, der Kettenhund des Großbauern Schluckebier, liegt wieder an seiner dicken Eisenkette. Es ist genauso eine Vollmondnacht wie damals, als das Häschen Purzel Weißfell auf den Hof geschlichen kam, um die Ostereier wegzunehmen. Damals hatte Lux bekanntlich furchtbar geknurrt, und Purzel hatte zugleich aus Angst und unverbesserlichem Übermut seine schönsten, kühnsten Purzelbäume geschlagen und seine zierlichsten Tänze ihm vorgetanzt, sodass der Kettenhund Lux sein böses Knurren ganz vergaß; und als Purzel ihm dann sogar seine Osterhasenweisheit zuflüsterte und ihm mit seinen weichen Pfötchen hinter den beharrten, großen Ohren kraulte, da war er – der Wächter des Hofes – eingeschlafen und hatte von dem tanzenden »silbernen Tröpfchen Mondspucke« gar angenehm geträumt.

Von da ab war aber das ganze Unglück gekommen: der Raub der Ostereier, die vergebliche Jagd auf Purzel durch den Bach und die blumenbunten Felder – die schrecklichen Hiebe, die er, Lux, von dem wütenden Großbauern Schluckebier bezogen hatte, weil er das Häschen nicht fangen konnte. Auch dass er jetzt Tag und Nacht ununterbrochen an der Kette lag, ohne ein einziges Mal frei umherspringen zu können, all das war die Folge jener Vollmondnacht und der Zauberkünste des Häschens Purzel Weißfell.

Ja, genauso wie damals steht heute die riesige, honiggelbe Scheibe des Vollmonds am Himmel. Und plötzlich setzt Lux sich hoch, stemmt seine starken Vorderpfoten gegen den Boden, reckt seinen mit dichtem, struppigem Grauhaar bedeckten Hals gen Himmel und beginnt den Mond anzuheulen, dass es einen Stein erweichen kann. Er heult so schauerlich-schön, so voller langgezogener Seufzer am Schluss jedes Weherufs, wie seine Urahnen es in der weiten fernen Steppe taten. Aber auch hier im Lande klingt dieses wilde, sehnsüchtige, ingrimmige, schmerzerfüllte Heulen meilenweit durch die Stille der Nacht.

Plötzlich öffnet sich droben im Haus ein Fenster, und ein ganzer Kübel kaltes Wasser ergießt sich über Lux.

Der Großbauer Schluckebier aber, der im Nachthemd, die Zipfelmütze auf dem Kopf, im Fensterrahmen erscheint, schreit von oben: »Noch ein Ton, du Mistvieh, du miserable Kreatur, und ich komme hinunter und schlage dir alle Knochen im Leibe entzwei!«

Traurig legt Lux seinen nassen Kopf auf seine Pfoten und seufzt ganz leise zwei-, dreimal auf. Schlafen kann er nicht. Der Vollmond ist gar zu hell. Auch scheint ihm die eiserne Kette heute viel schwerer als sonst. Das ganze Leben ist ihm wie diese Kette.

Immer wieder stößt er im Halbschlaf leise, dumpf heulende Töne von sich, gleichsam als Teil seines Atems – denn dies Heulen ist der tiefste Ausdruck der Gefühle eines Kettenhundes. Immer wieder aber zuckt er zusammen, und schließlich richtet er sich steil hoch, stemmt die Vorderpfoten gegen die Erde, lauscht, ob der Großbauer sich nicht vernehmen lasse, und starrt lautlos in den mächtigen, vollen, gelben Mond.

In diesem Augenblick hört er vom Hause her ein leises Trillern und Flöten. Es ist der Kanarienvogel Azurzenka, von deren Käfig der Nachtwind die Decke weggeweht hat und die in dem lichten Mondschein auch nicht schlafen kann.

»Was heulst du da, du kleine Mondsüchtige?«, knurrt Lux, der Kettenhund.

»Ich heule nicht, ich singe!«, erwiderte Azurzenka stolz.

»Singe – Hauhauhauhau! Das ist ja, wie wenn eine Türangel quietscht!«, meinte Lux. »Wenn der Herr erwacht, wird er glauben, ich sei es, und er wird mich wieder prügeln!«

»Er wird nicht erwachen!«, flötet Azurzenka. »Mein Gesang ist so sanft und süß, dass er die Menschen bezaubert und in den Schlaf wiegt. Aber das kann ein Kettenhund nicht verstehen.«

Ja, Lux kann das nicht verstehen, soweit es sich auf das Trillern und Flöten des goldgelben Kanarienvogels bezieht. Und doch ist er einmal durch süße Laute in den Schlaf gewiegt worden. Das war damals, als das

Häschen Purzel Weißfell im Mondschein so seltsam vor ihm getanzt und ihm seine Osterhasenweisheit ins Ohr geflüstert hatte; ja, damals …

»Oh, er kann viel verstehen, wenn er nur Ruhe und Lust hat hinzuhören!«, ertönt da eine leise Stimme neben ihm.

Lux springt herum, als habe er eine Geisterstimme vernommen. Er traut seinen Augen kaum.

Da sitzt ein blendenhelles Etwas neben ihm im Mondschein – das Häschen Purzel Weißfell.

»Bist du es?«, knurrt Lux recht unwirsch.

»Still! Nicht so laut!«, mahnt Purzel. »Du siehst mich ja; und wenn du es nicht glaubst, pass auf!« Und das Häschen vollführt zwei seiner niedlichsten Purzelbäume, wie sonst keiner sie konnte, zwei echte »Purzel«-Purzelbäume. Sosehr diese ganze honiggelbe Mondnacht ein einziger Traum zu sein scheint, hier gibt es keinen Zweifel. Purzel ist kein Traum.

»Du wirst mich jetzt nicht mehr zum Einschlafen bringen, du Leichtfuß!«, grollt der große Kettenhund.

»Das werden wir sehen!«, meint Purzel. »Du kennst immer noch nicht Purzels Gesetz!«

»Purzels Gesetz? Hauhauhauhauhau – so ein Tröpfchen Mondspucke, so ein weiß-grün-roter Wollknäuel will Gesetze haben?«

»Du wirst es noch erfahren, Monsieur Grobian!«

»Er glaubt auch nicht, dass ich mit meinem Gesang den Bauer in Schlaf wiege«, lässt sich Azurzenka, der Kanarienvogel, wieder vernehmen.

»Wie kann er etwas anderes glauben, als was er von seiner Kette aus sieht«, verteidigt jetzt Purzel den Kettenhund. »Auch wenn er in Freiheit ist, so rennt er doch nur auf den Pfiff seines Herrn und will seine Freunde am Genick packen.«

Lux, der Kettenhund, senkt nachdenklich den Kopf und überlegt, wie er an jenem Ostermorgen vergebens hinter Purzel herjagte und es nicht fassen konnte. Jetzt wirft er von der Seite einen Blick auf das Häschen, das im hellen Mondschein auf seinem Stummelschwänzchen dasitzt.

Was ist das?

Das letzte Mal hatte das Häschen doch ein schneeweißes Fell, und jetzt sind grüne, rote und blaue Tupfen darauf; wie eine bunte, mit Blumen bedeckte Frühlingswiese sieht das Fell aus.

»Ah, du listige kleine Hexe!«, knurrt der Kettenhund Lux. »Jetzt verstehe ich, wie du damals so plötzlich von der Erde verschwinden konntest, als habe der Teufel dich verschluckt!«

»Nichts verstehst du!«, lächelt das Häschen und schlägt einen seiner übermütigen Purzelbäume. »Bei deiner Kraft hättest du den Großbauern Schluckebier mit einem Ansprung umwerfen können; dann hätte ich dir von der bunten Wiese her ein Zeichen gegeben, wir wären inmitten der Blumen im stillen Gras gelegen, und ich hätte dir …«

»Und nachher wäre ich doch wieder an der Kette gelegen; das ist mein Gesetz«, knurrt missmutig Lux.

»*Dein* Gesetz?«, fragt erstaunt Purzel. »Hast du es dir denn selbst gegeben?«

»Rede nicht solchen Unsinn!«, erwidert der Kettenhund. »Der Großbauer Schluckebier hat mir die Kette und das Gesetz gegeben!«

»Dann ist es also Schluckebiers Gesetz und nicht dein Gesetz!«, beharrt Purzel. »Und übrigens rede ich nie Unsinn, merke dir das!«

Der große Kettenhund schaut misstrauisch von der Seite auf das Häschen und legt dann leise stöhnend seinen Kopf auf die Vorderpfoten, um über den kühnen Satz von Purzel eingehend nachzudenken. Er hatte immer geglaubt, es sei seine Kette, weil er sie um seinen Hals trug, und es sei sein Gesetz, an der Kette zu liegen, eben weil die Kette immer da war, weil er gleichsam mit der Kette geboren wurde; aber natürlich gehörte die Kette Schluckebier genauso wie der Hof und das Haus; und das Gesetz war also auch … nein, das ist alles viel zu schwer, viel schwerer noch als die ganze eiserne Kette um seinen Hals … wozu über solche viel zu schweren Dinge nachdenken?

»Wozu brauchst du eigentlich die Kette?«, fragt eigensinnig das Häschen neben ihm und wackelt ungeduldig mit seinem Stummelschwänzchen.

»Ach, das verstehst du wieder nicht!«, flötet vom Haus her der Kanarienvogel. »Wozu brauche ich denn den Käfig? Ich träume immer von meiner zauberhaft schönen Heimat, von den Kanarischen Inseln im fernen südlichen Ozean, von denen ich stamme, und von Mexiko, wo ein Teil meiner Brüder und Schwestern bereits unter dem uralten Fürstengeschlecht der Montezumas bei den Azteken Hofdienste verrichteten; denn meine Familie der Aurora d'Oro Caballero Tremulo di Capriccio …«

»Sie ist so vornehm, dass sie für ihren Namen eine ganze Woche braucht, hauhauhau, und ich heiße bloß Lux; aber drum sitzt diese gelbe Tremulotremulax dennoch hinter ihren Eisenstäben, wie ich hier an der Eisenkette liege …«

»Ja, ich sitze hier in der grauen Fremde hinter den grauen Eisenstäben; ach, wie möchte ich nach meiner goldenen, bunten Heimat, wie möchte ich fliegen, fliegen!«

»Und wie möchte ich jagen, rennen und jagen!«, knurrt Lux.

»Genug gejammert! Wer frei sein will, muss auch etwas dafür tun!«, erklärt jetzt das Häschen Purzel und vollführt einen energischen Sprung kerzengrad in die Höhe; und das bedeutet, dass es hiergegen keinen Widerspruch gibt. »Die Kette muss zerbrochen werden!«, befiehlt es.

»Zerbrochen werden!«, heult Lux, der Kettenhund, wild auf und springt zurück, um einen gewaltigen Anlauf zu nehmen.

»Still, du Wahnsinniger!«, hält ihn Purzel zurück. »Du willst wohl, dass der Bauer wieder aufwacht, wenn er das Klirren der Kette hört? Wir müssen das möglichst geräuschlos machen; pass auf!«

Purzel packt Lux an seinem Ohr und führt ihn grade in die andere Richtung, sodass die Kette sich

ganz straff spannt. Dann nimmt es ein kräftiges Stück
Holz, steckt es durch ein Kettenglied, sucht ein Ende
des Wäscheseils, das im Hof hängt, wickelt es kunst-
voll um den Holzknebel und bindet sich das Ende fest
um den Leib.

»Was machst du wieder für Späße?«, knurrt Lux.

»Sprich nicht, sondern spanne die Kette so straff,
wie du nur kannst!«, befiehlt Purzel.

Lux gehorcht.

Schon beginnt Purzel eine ganze Serie seiner berühmten Purzelbäume zu schlagen, immer schneller,
immer wilder, man sieht Purzel nicht mehr, man sieht
nur ein blendendes Rad, das sich mit toller Geschwin-
digkeit im Mondschein dreht. Plötzlich tut es einen
scharfen Knacks, und die beiden Enden der zerbro-
chenen Kette liegen am Boden.

»Evviva nostro piccolo maestro!«, flötet Azurzenka
begeistert aus ihrem Käfig.

Lux aber schaut auf die zerbrochene Kette und
knurrt vor sich hin: »Dies Tröpfchen Mondspucke
hat wirklich Grütze im Kopf; dieses Wollknäuel ist
ein richtiger Stratege!«

Purzel reibt sich indessen mit seinen Pfötchen den
Leib, der ihm wie Feuer brennt, doch es klagt nicht,
sondern es meint: »Nun müssen wir auch Azurzenka
befreien!«

Und ohne die Zustimmung der andern abzuwar-
ten, macht es einen dreifachen Saltopurzelbaum in
die Höhe, landet oben im ersten Stock bei dem Kanarienvogel, nimmt schnell den Käfig zwischen seine

Pfötchen und ruft Lux leise zu: »Aufgepasst! Den Käfig geschnappt!«

Der große Kettenhund tut, wie ihm befohlen; aber er hat sich an dem hinabsausenden Eisengestänge des Käfigs den linken Reißzahn ausgebrochen und presst jetzt leise heulend seine Pfote gegen die Backe.

Purzel ist vom ersten Stock wieder hinuntergesprungen; es wedelt mit seinem weichen Stummelschwänzchen Lux dreimal über die Backe und sagt:

>»Eins – zwei – drei –
>Genug Geschrei –
>Der Schmerz vorbei!

So, nun tut's nicht mehr weh! Und ans Werk! Stemme deine Pfote hier zwischen die Stäbe des Käfigs und biege sie auseinander, dass Azurzenka hinaus kann!« – Lux tut, wie ihm befohlen.

Azurzenka schlüpft hinaus und flötet mit einem Blick auf Lux: »Entschuldigen Sie vielmals, meine Freunde, dass wir zu so später Nachtstunde Bekanntschaft machen, zumal Herrenbekanntschaft! Es ist dies sonst nicht meine Art; in meinen Kreisen …«

»Was hat sie gegen die Nacht, die gelbe Tremulotremulax?«, knurrt der Kettenhund. »Am Tage schläft man; bei Nacht aber sind alle braven Kettenhunde auf den Beinen!«

»Und nur bei Nacht können wir von hier weg und einen Vorsprung vor dem Großbauern Schluckebier gewinnen; darum schnell!«, mahnt Purzel.

»Entschuldigen Sie vielmals«, erwidert Azurzenka, »ich habe mein goldgelbes Sommerkleid an, und ich weiß nicht, wohin wir wollen.«

»Weg von hier!«, drängt Purzel.

»Hauhauhau, weit weg, in die Steppe!«, stimmt Lux ihm zu.

»Das heißt, wir müssen zuerst durch Europa, durch die Zivilisation«, flötet Azurzenka gebildet, »und da kann ich – entschuldigen Sie – mich unmöglich in meinem Tropenkleid zeigen. Ich brauche dringend einen seidenen, maisgrünen Pyjama, einen aus Kairo, einen Pyjama aus maisfarbener Chinaseide!«

Lux, der die ganze Sache und die vielen Fremdwörter nicht verstanden hat, knurrt jetzt böse: »Sie hat hier die ganzen Jahre von Weizen und Hirsekörnern gelebt, was muss sie jetzt Mais und Pyjama fressen? Ich werde euch unterwegs Hühner jagen, das Fleisch fresse ich, und ihr könnt die weichen Körner aus dem Hühnermagen picken!«

»Du bist doch ein großes Schwein, Lux, und außerdem verstehst du von der ganzen Sache gar nichts!«, schneidet ihm Purzel das Wort ab.

Schließlich einigt man sich auf diesen Plan: Nachdem Lux zugesichert worden ist, dass es in Mexiko große Steppen – Pampas genannt – mit Schaf- und Rinderherden gibt, wo ein Wolfshund nach Herzenslust jagen kann, wird man sich unverzüglich auf den Weg nach Mexiko machen, um dort Azurzenkas Stamm der d'Oro Caballero Tremulo di Capriccio aufzusuchen, nachdem dieser vornehme Stamm auf den Kanarischen Inseln selbst durch Marineoffiziere, gewöhnliche Tanzgirls, Kabarettsängerinnen, Krankenpflegerinnen und Flugzeugoffiziere verdrängt wurde. Den maisgrünen Seidenpyjama aber – den Azurzenka weniger für Europa braucht als gerade für Mexiko, um dort als Europäerin mit letztem Schick vor ihren wilden Schwestern zu glänzen –, diesen maisgrünen Kairoer Pyjama wird man unterwegs zwischen Marseille und Lissabon sich beschaffen.

»Und jetzt genug geredet, Kinder!«, befiehlt Purzel energisch. »Mir nach! Nach Westen! Der Himmel rötet sich bereits in unserem Rücken! Auf nach Mexiko!«

Mit schnellen Sprüngen hopst Purzel aus dem Hof des Großbauern Schluckebier. Lux, der Kettenhund, setzt hinter ihm her. Azurzenka aber, die in ihrem goldgelben Tropengewand in der Morgenfrühe schrecklich friert, ist schnell in das linke große Ohr von Lux hineingekrochen und hat es sich darinnen zwischen den weichen grauen Ohrhaaren gemütlich gemacht, indem sie noch die lange Ohrspitze des Kettenhundes wie einen Vorhang nach innen zieht; so liegt sie wie in einem kleinen, warmen Boudoir, bedeckt mit einem Plumeau von weichen Haaren. Unter ihr arbeiten, die weit ausholenden, galoppierenden Füße von Lux; man kann meinen, man sei in einem dahinsausenden, luxuriösen Expressschlafwagen. Wunderbar, entzückend!

Für das Häschen Purzel ist die Reise – oder besser dies Rennen mit Lux, dem großen Wolfshund – durchaus nicht entzückend. Denn Purzel ist gewohnt, stets nur eine kurze Strecke gradaus zu springen, dann sich auf sein Stummelschwänzchen zu setzen und sich auszuruhen. Wenn es aber verfolgt wird, so läuft es auch nie gradaus, sondern schlägt einen Haken und duckt sich dann ruhig ins Gras.

Während nun Lux in gewaltigen Sätzen über das morgendämmerige Land dahinjagt, bleibt Purzel immer weiter hinter ihm zurück. Purzel ist viel zu stolz, um zu rufen, Lux und Azurzenka möchten doch auf es warten, wenn die beiden Kameraden es nicht für nötig halten, sich ein einziges Mal nach ihm umzudrehen.

Lux, mit der in seiner Ohrmuschel sanft schlummernden Azurzenka, ist eine ganze Strecke dahingejagt, als der Himmel im feurigsten Rot zu flammen beginnt. Bald aber leuchten die Ränder der Wolken wie pures Gold. Die Sonne ist aufgegangen.

Lux hält in seinem Rennen inne und wendet sich nach Osten, wo das riesige rotgoldne Feuerrad aus dem feuchten Wiesengrund am Himmel emporrollt. Noch niemals hat Lux so den Aufgang der Sonne über der morgenstillen, menschenleeren weiten Erde erlebt. Lange starrt er in das Feuerwunder am Himmel.

Plötzlich zuckt er zusammen. Wo ist das Häschen? Wo ist Purzel? Nicht einmal hat er daran gedacht, sich nach dem kleinen Kameraden umzusehen. Lux erschrickt. Wenn Purzel verloren ging, kann man die Reise nicht fortsetzen! Denn Purzel hat immer die klügsten und kühnsten Gedanken! Er ist der kleine Kommandeur, die Seele des Ganzen!

Lux beginnt mit seinen mächtigen Ohren zu wackeln, dass Azurzenka aufwacht. Auch Azurzenka ist entsetzt, als sie erfährt, dass das Häschen Purzel verloren ging. Alle Furcht vor der Morgenkälte vergessend, fliegt sie empor, den Weg zurück, überall ihren hellen Triller ausstoßend. Hinter ihr her rennt Lux.

Purzel hat sich in einem Wiesengraben wie ein Wollknäuel zusammengerollt. Ihm ist sehr kalt. Nun hat es Lux, den Kettenhund, befreien helfen, und schon hat der Kettenhund seinen kleinen Kameraden vergessen. Doch das ist vielleicht sein Gesetz, zu jagen, davonzurennen, zu vergessen. Eigentlich müsste Purzel jetzt nach Hause hopsen zu seinen Eltern und Geschwistern; aber das wird es keinesfalls tun, nimmermehr! Es hat beschlossen, die Reise in das ferne Land zu machen. Also wird es geschehen; das ist Purzels Gesetz.

Vorerst jedoch ist es furchtbar kalt. Es hat keinen Sinn, in dem endlosen Morgen unter dem blendenden, goldenen Himmel irgendwo hinzurennen.

»Ich werde schlafen und an die beiden denken!«, sagt Purzel zu sich.

Aber kaum ist Purzel etwas eingenickt, da hört es über sich ein helles Trillern. Es fährt auf, setzt sich auf sein Stummelschwänzchen und macht ein »Männchen«.

»Hurra! Ich sehe da zwei weiße Ohren!«, flötet Azurzenka.

Schon ist Lux mit einem Riesensprung da; er nimmt das kleine Purzel in sein großes, schwarzes Maul, beginnt mit ihm wie verrückt herumzuspringen und dann in der alten Richtung davonzujagen.

Purzel ist erst furchtbar erschreckt, wie es direkt an seinem weichen Fell die furchtbaren weißen Fänge des Wolfshundes spürt. Aber Lux hat das Häschen so vorsichtig gefasst, wie man es bei einem großen früheren Kettenhund nicht für möglich hält; sein warmer Atem streicht jetzt an Purzels Pfötchen vorbei und wärmt es recht angenehm. Nur ist Luxens Maul so pechrabenschwarz wie ein Schornstein. Deshalb fängt Purzel an, den dahinrennenden Lux zu tadeln: »Du hast dir wahrscheinlich tagelang den Mund nicht ausgespült! Ich aber will nicht in einem schmutzigen Mund liegen! Lass mich sofort heraus und putz dir erst einmal deine schwarze Schnauze, hörst du?«

Doch diesmal gehorcht Lux nicht.

»Hauhauhau! So ein kleiner Dummkopf, wie du bist! Du weißt nicht einmal, dass ein schwarzer Gaumen und ein schwarzes Maul das edelste Zeichen unserer Rasse der Wolfshunde ist. Du lächerliches Rosenschnäuzchen, hauhauhau!«

So lacht Lux, dass es durch das morgendliche Land widerhallt, und rennt in mächtigen Sprüngen weiter.

Was ist zu machen? Zumal auch der Kanarienvogel Azurzenka wieder in sein warmes Boudoir – die Ohrmuschel von Lux – gekrochen ist und von dort flötet: »Lass ihn jetzt nur rennen, dass wir schnell ans Ende von diesem langweiligen, grauen Europa kommen, dorthin, wo das blaue Meer beginnt, nach Marseille und Lissabon, damit ich endlich meinen maisgrünen Pyjama aus Kairo erhalte. Denn vorher fühle ich mich nicht glücklich.«

Purzel schweigt. Ihm ist jetzt ganz warm und wohlig zumute in dem großen, schwarzen Maul von Lux. Langsam sinkt es in Schlaf, während Lux wie ein Blitzzug durch das Land dahinrast.

Wie Purzel aufwacht, liegt es im heißen, weichen, blendend weißen Sand. Es reibt sich mit den Pfötchen die Augen aus, schaut erstaunt um sich und schließt schnell wieder die Augen.

Was war das?

Vorsichtig öffnet es wieder den Spalt eines Auges. Da stehen überall riesige Strohkörbe, und darin sitzen halbnackte Menschen mit ebenso riesigen Strohhüten. Ringsherum aber spielen und tollen viele niedliche, nackte Kinder; sie bauen aus dem Sand Burgen und stecken Fähnchen und bunte Wimpel darauf. Vorn glitzert und schimmert das tiefblaue Meer.

Neben ihm liegt Lux flach auf dem Bauch; seine Zunge hängt ihm heraus, so schwitzt er. Mit den Augen blinzelt er Purzel zu, er solle schweigen! Jetzt hebt Azurzenka Luxens rechte Ohrspitze wie einen Vorhang hoch und flötet leise: »Wir sind hier am Rande des Ozeans; verhaltet euch ruhig! Die Sache geht gut und wird noch besser, sobald ich meinen maisgrünen Pyjama habe!«

Purzel jedoch kann sich gar nicht genug sattsehen an den bunten, herrlichen Farben, an dem azurblauen

Meer mit den tiefgrünen Schatten im Grunde, an den braunroten Felsen, die aus dem Wasser auftauchen, an den roten, blauen, goldgelben und grünen Schwimmhäuten, welche die Menschen anziehen, wenn sie ins Wasser gehen, und die nun überall zwischen den großen Körben zum Trocknen hängen und wie Fahnen im leichten Winde flattern.

Plötzlich sieht Purzel, wie Lux den Kopf hebt, die lange, rote Zunge einzieht und mit seinen dunklen, blitzenden Augen auf einen Punkt starrt. Dort, an dem niederen Ast eines seltsamen Baumes, pendelt etwas Grünes, etwas Hellgrünes, etwas Maisgrünes bis zur Erde! Azurzenka aber flüstert Lux aufgeregt zu und zwickt ihn mit dem kleinen Schnabel so heftig in den Ohrlappen, dass zwei Blutstropfen in den weißen Sand rinnen. Lux nimmt lautlos Purzel wieder in sein Maul und rutscht wie verträumt langsam auf das maisgrüne Etwas hin, bis er endlich darauf zu liegen kommt; jetzt beugt er seinen großen Kopf zwischen seine Vorderpfoten und schiebt das grüne Etwas so fest in sein Maul, dass Purzel glaubt, er werde ersticken. Dann spürt Purzel, wie Lux in Bewegung kommt und davontrabt.

Als Purzel wieder Luft schnappen kann, liegt es hoch oben auf einem Felsen über dem Meer unter dunkelgrünen, kiefernähnlichen Bäumen.

»Was ist das alles?«, fragt Purzel.

»Das hier ist ein Pinienwäldchen!«, flötet es. »Aber schau mich doch an! Jetzt werde ich mich vor meinen

Schwestern der d'Oro Caballero Tremulo di Capriccio zeigen können!«

Purzel hat Azurzenka zuerst nicht wiedererkannt. Sie trägt einen wunderbaren, seidenen, maisgrünen Pyjama; das heißt, es ist nur die Jacke des Pyjamas, und auch die ist viel zu groß. Azurzenka schleift sie hinter sich her wie eine riesige Brautschleppe. Ihre Augen strahlen vor stolzem Glück. Bloß fliegen kann sie nicht damit.

Neben Lux liegen die grün gestreiften Pyjamahosen.

»Kleiden Sie sich bitte an!«, drängt ihn Azurzenka. »Im Flugzeug und in Mexiko können Sie unmöglich mit Ihren haarigen Beinen und als Kettenhund auftreten!«

Lux muss wohl oder übel mit seinen Vorderpfoten in die Pyjamahose hineinsteigen. Der Hosenboden ist nunmehr der Brustteil seines neuen Anzuges. Das Ganze wird mit den Schnüren ihm um den Hals zugebunden.

»Der echte Caballero! Der vollendete Gentleman!«, flötet Azurzenka entzückt.

Lux versucht einen seiner Sprünge zu machen; doch schon liegt er lang auf der Nase. Bei jedem Schritt stolpert er über die weiten Enden der Pyjamahose. Er kann nur kleine Trippelschritte machen und muss sich würdig bewegen wie ein Holzstock.

»Eine verfluchte Teufelssache! Noch schlimmer als die Eisenkette! Runter mit dem Zeug!«, knurrt er grimmig.

Nur mit Mühe kann Purzel ihn beruhigen. Man brauchte diesen eleganten Anzug für das Flugzeug.

Es – Purzel – sei selbst bereit, in die Ärmel des Rockes zu schlüpfen, da der Rock für Azurzenka ja viel zu groß sei und sie damit nicht fliegen könne. Schließlich wird für Azurzenka ein unteres Stückchen mit der Seitentasche abgerissen; Azurzenka pickt den Kopf durch die Tasche, zupft das Ganze zurecht, dreht sich aus ein paar grünen Seidenfäden und ihrem goldgelben Flaum einen fantastischen Gürtel, und schon hat sie ein enganliegendes, ärmelloses, kniefreies, todschickes Sommerkleid, während Purzel mit dem Pyjamarock und Lux mit den grün gestreiften, seidenen Hosen direkt vornehm gekleidet dastehen:

So besteigen sie am nächsten Morgen als exotische Gäste, denen jeder mit der gebührenden Achtung begegnet, in Lissabon das große Flugzeug, das sie über die Azoren und Kuba hinweg nach Mexiko bringt.

Ah, welch ein Zauberland ist dies Mexiko! Drunten der Strand und die warme, windgefächelte Luft des Karibischen Meeres. Etwas weiter aber landeinwärts das Steppengebiet, das bis zu den mit Agaven, Magnolien, Mais und Zuckerrohr bepflanzten Siedlungen führt, über denen in erhabener Ferne die schneebedeckten Häupter der Bergriesen thronen.

Während Purzel und Azurzenka noch in diesen zauberhaften Anblick versunken sind, knurrt Lux finster: »Ich habe Hunger nach dieser langen Reise!«

»Beherrsche dich ein bisschen, und schau doch bloß, wie wunderbar es hier ist!«, sagt Purzel. »Du aber denkst immer nur ans Fressen!«

Lux streckt sich beleidigt platt auf dem Boden lang und legt seinen Kopf auf die Vorderpfoten.

»Steh auf, Lux! Du machst den Pyjama schmutzig!«, mahnt ihn Purzel streng.

Lux richtet sich auf; er denkt: Eigentlich ist es doch mein Gesetz, mich platt auf den Boden zu legen, wenn ich ruhen will.

Aber schon flötet Azurzenka neben ihm: »Die Hosenbeine sind ganz nach oben gekrempelt, Herr Lux! So kann ich Sie unmöglich meiner vornehmen Verwandtschaft vorstellen, die hier bereits unter Königsgeschlechtern der Azteken als Kammerherren und Anstandsdamen tätig waren! Ziehen Sie die Hosenbeine gefälligst etwas straffer nach unten, dass man Ihre großen Füße nicht sieht!«

Lux knurrt etwas vor sich hin; aber er zieht die Pyjamahosenbeine ganz hinab über seine Vorderpfoten.

Auch an Purzel hat Azurzenka etwas auszusetzen. Purzels Stummelschwänzchen hebt hinten ständig den Rock hoch; man muss also ein Loch in den Rock schneiden, sodass das Schwänzchen wie eine Pinselquaste herausschaut. Jetzt fordert Azurzenka noch, dass die Fabrikmarke im Pyjamarock: »*Cairo-China-Seide Blackwood Sons*« in ihr Kostüm eingenäht wird.

Und dann geht's los in das Gebiet der Mangrovenwälder, wo der edle Stamm der d'Oro Caballero Tremulo di Capriccio – Azurzenkas Brüder und Schwestern – seine luftigen Wohnsitze aufgeschlagen hat. Azurzenka, die vor Lux und Purzel etwas vorausfliegt, ist schrecklich aufgeregt. Immer wieder kehrt sie zurück, setzt sich auf den Kopf von Lux nieder und lässt sich ihren Pyjama, der beim Fliegen in Unordnung geriet, von Purzel zurechtzupfen.

Wie werden ihre Verwandten staunen und den Cousinen und Freundinnen vor Neid sich die Federn sträuben, wenn sie Azurzenka so zauberhaft schick aus der Fremde heimkehren sehen!

Sie müssen zuerst fruchtbare Maisfelder durchqueren; hier wäre Purzel gern geblieben, die saftigen Spitzen der jungen Maissstecklinge locken es sehr. Die Indios, welche die Felder bestellen, betrachten die drei in Seide gekleideten Ausländer erstaunt und lüften ehrerbietig ihre breitrandigen Sombreros. Lux, der immer wieder über seine Pyjamahose stolpert, hat sich die Hosenbeine heimlich wieder hochgekrempelt. Denn schon winkt in der Ferne ein flaches, graubraunes Etwas, weit wie das Meer – die Pampa, die Steppe!

Hier gerät Lux in helle Begeisterung; ununterbrochen heult er in wildem Entzücken, dass die kleinen Steppenhasen sich ängstlich verkriechen und Azurzenka sich etwas Federflaum ausrupft, um sich die Ohren zu verstopfen. »Wie schrecklich falsch Sie singen, Lux! Sie werden bei meinen Schwestern Unterricht nehmen müssen!«

»Hauhauhauhauhauhauhau!«, heult Lux in unbändiger Freude. »Ich heule hier, wie *ich* will! Das ist *mein* Gesetz, nicht wahr, du kleine Rosaschnauze, du mondbespucktes Weißfell?« Damit meinte er Purzel.

Purzel aber erwidert: »Du bist grob, Lux! Es ist nicht meine Art, einem Grobian Antwort zu geben!«

»Meinetwegen – Grobian!«, knurrt der Wolfshund Lux fröhlich. »Muss ich denn nicht heulen, du Stummelschwänzchen, wenn ich solch eine herrliche, riesige Steppe sehe, wo man wunderbar die kleinen Steppenhasen jagen kann!«

Purzel sagt hierauf nichts.

Es schaut Lux von der Seite an, wie er fiebert davonzuspringen und wie er seinen Hals reckt, um sein Geheul auszustoßen. Ja, jetzt ist er frei, und er wird sein Gesetz finden! denkt Purzel für sich.

Azurzenka jedoch mahnt Lux: »Still! Lassen Sie bitte jetzt Ihr unharmonisches Heulen, Herr Lux! Wir werden uns am Rand der Steppe halten und bald in das Waldgebiet gelangen, in das Reich meines Stammes der d'Oro Caballero Tremulo di Capriccio! Krempeln Sie Ihre Hosenbeine gefälligst wieder nach unten, mein Teurer! Der Prince of Wales trägt die Hosen ebenfalls nicht über den Knien.«

Lux bleibt nichts anderes übrig, als sich zu fügen. Er macht in den langen, weiten Hosen seltsame Sprünge, stolpert und fällt immer wieder auf die Nase. Purzel muss zuerst furchtbar lachen. Als es aber bemerkt, wie böse und unglücklich Lux ist, da reicht es ihm sein Pfötchen, und jetzt hopsen die beiden über den braungrauen Steppenrand dem Walde zu, während Azurzenka vorausfliegt.

So kommt man in den großen Mangrovenwald. Hier herrscht ein seltsam dunkelgrün-orangenes Halbdunkel. Überall schwingen sich die Lianen mit ihren riesigen purpurroten und tiefblauen Blütenkelchen von Baum zu Baum, von Zweig zu Zweig. Es ist wie ein wildes Farbenmeer von Tausenden entzündeten Fackeln und bunten Lampions. Dazu duftet es von wundersamen, süßen, gewürzigen Gerüchen. Und von allen Zweigen erschallt ein vielhundertfaches Vogelkonzert.

Lux und Purzel sind die Sensation des Waldes.

Sogar die Giftschlangen weichen erschrocken und ehrfürchtig vor diesen gespenstischen Halbgöttern in den seidenen, maisgrün gestreiften Pyjamahäuten zurück. Sind es Menschenseelen, die in Tiergestalten auftauchen, oder sind es Tiere, die in Menschengestalt verwandelt wurden?

Inzwischen hat Azurzenka erfahren, dass ein Stamm der Canarios d'Oro Caballero Tremulo di Capriccio aus dem Mangrovenwald nach Süden in die Nähe der großen Stadt übersiedelte und dass sie dort in einem Park leben.

»Auf zu dem herrlichen Park!«, trillert Azurzenka aufgeregt. Und weiter geht es zwei Tage und Nächte durch den Urwald.

Auf einmal lichtet sich das wilde grünorangene Halbdunkel. Man sieht Wege, die mit weißem oder rotem Kies bestreut sind. Die Bäume stehen in größeren Abständen und tragen kleine Emailletäfelchen an ihrem Stamm, worauf ihr Alter und ihre Art geschrieben ist. Überall sind schöne glatte Wiesen mit Magnolien und Rhododendronbüschen. Die Agaven erheben ihre saftigen, baumhohen Blütenstängel mit süß duftenden schneeweißen Dolden in den tiefblauen Himmel. Und plötzlich hört man ein stürmisches, tausendfaches Flöten und Trillern, als wäre ein Riesenorchester von einem ganzen Heer von Azurzenkas am Werke.

»Sie sind es! Sie sind es, meine Brüder und Schwestern!«, trillert Azurzenka und fliegt auf ein dichtes Gebüsch von Rhododendron und Magnolien los.

Purzel und Lux springen hinterher.

Aber wie sie in das Wäldchen kommen, bleibt ihnen fast der Atem weg vor Erstaunen. Vergebens suchen sie Azurzenka. Da sitzen auf den Zweigen Hunderte goldgelb geflügelter Kanarienvögel, und alle sind mit buntfarbenen Pyjamas aus der nahen großen Stadt bekleidet. Erst nach längerem Suchen entdecken Purzel und Lux ihre Freundin Azurzenka in dem maisgrünen Seidengewand. Sie hat die kleinen Flügel gesenkt und ihr Köpfchen dazwischengesteckt.

Purzel tritt zu ihr und stupst sie mit seinem rosa Näschen an: »Was ist, Azurzenka?«

»Was ist? Habt ihr denn keine Augen im Kopf? Was ist? Alle hier haben genauso schicke Pyjamas wie ich! War ich deshalb all die Jahre bei den Menschen in Gefangenschaft? Sind wir deshalb durch dies schreckliche Europa gewandert und übers weite Meer geflogen? Oh, oh!«

»Du bist jetzt in deiner schönen Heimat!«, sucht Purzel sie zu trösten.

»Aber was für ein Empfang!«, klagt Azurzenka. »Ich habe im Ausland eine Tournee gemacht, ich trage einen echten maisgrünen Pyjama aus Kairo; aber was für ein Empfang! Oh, ich werde sterben!« Und sie weint zwei richtige, kristallklare Tränchen.

Und wieder weiß Purzel einen Rat. Azurzenka hat einige europäische Schlager gelernt, wie:

> »Il est dans mon pays
> Une fille aux yeux gris,
> Dont le regard est trouble et caressant,
> Et qui s'était éprise
> D'un bien joli p'tit gars,
> Oui et depuis lui répète tendrement:
> Joseph, Joseph ne me faites pas attendre,
> Il est grand temps, que vous vous décidiez,
> Mon petit coeur n'est pas – vous d'vez le
>   comprendre –
> Une mécanique, que l'on remonte à son
>   gré …«

Oder der Tangosong der englisch-malaiischen Singapore-Girls, von einer Italienerin gesungen, jenes »Mailù« …

> »Lenta sull' onda del mare
> Passa una nave che va
> Lascia Singapore

Terra di felicità.
Mentre lontano scampare
La misteriosa città,
Solitario un cuor
Canta nell' oscurità –
Mailù!
Sotto il cielo di Singapor
In un sogno di stella d'or
È nato il nostro amore …«

Diese Chansons wird Azurzenka flöten, und Purzel wird dazu tanzen! Ferner wird Purzel zu dem deutschen Schlager:

»Warum bläst meine Großmama Posaune?«

mit Lux, der sich auf die Hinterpfoten stellen muss, einen Akrobatikgrotesktanz aufführen. Azurzenka aber wird erklären, das sei ihr Charaktertanz-Gesangs-Ensemble »Die purzelnde Sternschnuppe«, das sie aus Europa unter Aufwendung großer Kosten nach hier gebracht habe.

Lux protestiert, er sei nicht zum Tanzen, sondern zum Jagen mit herübergekommen. Doch Purzel weist ihn zurecht, das seien die Worte eines Egoisten, unwürdig eines guten Kameraden! Und ehe Lux antworten kann, hat Azurzenka bereits mit »Joseph, Joseph …« begonnen, während das Häschen Purzel in den graziösesten Halbsprüngen und Schritten dazu steppt. Ein vielhundertfaches Beifallsgezwitscher und

Flügelschlagen der Kanarienvögel erfolgt auf diese erste Nummer.

Den »Mailù«-Tango aber tanzt Purzel mit weit geöffnetem Pyjama, den es im Wirbel von sich reißt, in die Luft wirft und wieder auffängt, um ihn schließlich bei dem wiegenden Refrain:

> »Mailù!
> Sotto il cielo di Singapor
> In un sogno di Stella d'or
> È nato il nostro amore ...«

wie einen duftigen Seidenschleier in weiten, fantastischen Schwüngen durch die Luft flattern zu lassen.

Und während ein tosender Beifallsorkan ausbricht, beginnt Lux in kläglichsten Tönen dazu zu heulen; denn er ist empört darüber, dass Purzel vor allen hier so lieblich und wild tanzt, wie es damals im silbernen Vollmond nur vor ihm geschah! Was haben diese lächerlichen Eidotterspatzen überhaupt sich an seinem Häschen zu erfreuen? Was hat das Häschen Purzel vor fremdem Volk sich derart ohne Gewand aufzuführen?

»Hauhauhauhauhauhau!«, heult Lux grimmig erzürnt. »Ich protestiere! Ich werde im Wiederholungsfalle von meinen Zähnen Gebrauch machen! Hauhauhauhauhau!« Doch Luxens Protest geht in dem allgemeinen Lärm unter, zumal Purzel ihn an seinen Ohren nach vorn auf die Wiese zieht und dort mit unwiderstehlich liebenswürdiger und doch gebieterischer Geste ihm befiehlt, sich auf den Hinterpfoten aufzurichten.

»Chef! Den Groteskschlager!«, ruft Purzel Azurzenka zu.

Und während diese den Schlager: »Weshalb bläst meine Großmama Posaune?« anstimmt, fasst Purzel Lux an seinen Vorderpfoten zum Akrobatik-Charaktertanz. Das allerdings ist nicht ganz leicht. Vergebens versucht das Häschen den großen Wolfshund nach den Rhythmen der Flötenmusik Azurzenkas zu drehen. Lux hopst in wilden, störrischen Sprüngen in seiner grün gestreiften Pyjamahose umher, Purzel dabei mit hochreißend, sodass das Häschen gar nicht mehr den Boden berührt. Dabei macht Lux ein so wütend-unglückliches Gesicht und wackelt mit seinem großen grauen Kopf so schmerzvoll, als tanze er auf einem Haufen glühender Kohlen, während das Häschen hoch in der Luft mit seinen weichen Pfötchen dazu den Takt zu schlagen sucht.

Die vielhundertköpfige Zuschauerrunde der Kanarienvögel aber schlägt sich mit den Flügeln die Bäuchlein vor Vergnügen und erfüllt mit einem Lachtrillerorkan die Luft.

Der Erfolg der Vorführung ist gewaltig und Azurzenkas Empfang grandios.

Während Azurzenka von der Spitze einer vier Meter hohen Agave einen kurzen Vortrag über ihre »Europatournee« hält, hat Lux, tief gekränkt, sich unter einem Rhododendronstrauch verkrochen und starrt traurig vor sich hin.

»Was hast du bloß, Lux?«, fragt ihn das Häschen Purzel besorgt.

»Ich habe diese Reise satt, bis über die Ohren satt!«, knurrt Lux. »Ich habe Hunger! Ich spucke auf diese alberne Springerei! Ich bin hierhergekommen, um in der weiten Steppe zu jagen!« Und damit beißt er wütend in die maisgrünen, seidenen Pyjamahosen und reißt sie von einem Ende zum anderen in Stücke.

»Mein Gott, was bist du für ein roher und wilder Geselle!«, tadelt ihn Purzel.

»Ich will jagen, rennen, jagen! Das ist mein Gesetz!«, entgegnet Lux und springt hoch, um davonzurennen.

Purzel richtet sich schnell auf und legt ihm seine weichen Pfötchen auf die Schnauze und die Stirn. »Sei ruhig, Lux! Natürlich muss man dir zu fressen geben, das versteht sich! Und du sollst auch jagen; aber das ist heute doch der erste Tag hier, hab ein wenig Geduld, Lux!«

Lux legt sich leise heulend wieder hin;

Purzel aber springt zu der Versammlung, um für seinen hungrigen Kameraden Nahrung zu erbitten. Der Proviantmeister der Kanarienvögel entschuldigt sich vielmals höflichst, dass er seine werten Gäste so vernachlässigt habe, und lässt eiligst einen ganzen Korb süßer Maiskörner heranbringen.

Wie Lux diesen Korb mit Maiskörnern sieht, beschleicht ihn eine schreckliche Todesangst. *Das* soll seine Nahrung sein? Man will ihn also dem Hungertode aussetzen? Das ist das Allerschlimmste, was einem Wolfshund geschehen kann.

»Ich werde hier sterben!«, heult er verzweifelt vor sich hin.

»Ach, du Armer!«, klagt jetzt auch Purzel. »Mein armer, armer Lux!« Ganz bestürzt hopst das Häschen auf die Wiese, rupft eiligst so viel saftiges Gras, wie es nur in seinen Pfötchen fassen kann, und bringt es seinem Kameraden. »Nun komm, mein Lieber, iss!«

Doch Lux rührt sich nicht. Sein Kopf liegt auf seinen Vorderpfoten. Er hat die Augen geschlossen. Das also ist das Ende!

Purzel sitzt neben ihm und denkt angestrengt nach, was zu tun sei.

Inzwischen hat Azurzenka ein neues Chanson nach dem andern der Versammlung vorgesungen. Die Begeisterung wächst von Lied zu Lied. Azurzenka wird zum Reichsobertrillerer ernannt. Eine Kommission wird gebildet, die ein Ensemble der besten Trillergirls bilden und eine große Amerikatournee mit Azurzenka als Star vorbereiten soll. Azurzenka ist selig.

Schnell fliegt sie auf den Rhododendronstrauch und teilt Purzel und Lux mit, dass sie beide auf dieser Tournee mit einer Tanznummer vertreten sein müssten. Purzel möchte mit ihr über Lux sprechen. Doch da wird Azurzenka zu einer äußerst dringenden Sitzung der Kommission, die sich inzwischen zum »Kunstkomitee für Tanz, Gesang und Massenchöre« erweitert hat, abberufen.

»Hast du Azurzenkas Vorschlag gehört?«, fragt Purzel und fährt Lux mit seinen Pfötchen über die Ohren.

Lux hebt seinen Kopf und schaut Purzel so traurig an, dass das Häschen für einen Augenblick selbst alle Lebenslust und allen Mut verliert. Aber dann rafft es sich zusammen. »So geht das nicht! Nein, so geht das nicht weiter!«, sagt Purzel energisch. »Höre mich an, Lux, wir laufen in die Steppe, noch heute Nacht! Du sollst hier nicht sterben!«

»In die Steppe?«, fragt Lux und spitzt die Ohren.

»Ja!«, antwortet Purzel. »Wir zwei sind zum Springen und Rennen geboren; das ist unser Gesetz!«

»Rennen, jagen, rennen! Hauhauhauhau!«, heult Lux begeistert auf und macht einen mächtigen Freudensprung über den Rhododendronbusch hinweg. »Und noch diese Nacht? Nein, sofort! Eh diese schrecklichen Tremulotremulax uns wieder zum Tanz zwingen!«

Und bevor Purzel etwas erwidern kann, hat Lux das Häschen in sein großes Maul genommen und jagt mit ihm am Waldrand entlang der Steppe zu.

In weiter Ferner verhallt das Getriller der Canarios d'Oro Caballero Tremulo di Capriccio wie ein leiser silberner Trommelwirbel.

Ah, wie wunderbar ist es dort in der endlosen, stillen, warmen Steppe! Kein Haus! Kein Zaun! Keine Mauer! Keine Kette! Nur die weiten Wellen des Bodens, der ganz mit trockenem, duftendem Gras bedeckt ist. Und der hohe Himmel mit seiner goldenen Sonne und seinen weißen Wolkentürmen über der braungrünen Erde.

Und wenn nachts der Mond aus der Tiefe aufsteigt, dann kann man nach Herzenslust heulen und ihm entgegenjagen, stundenlang, um diesem unheimlichen lockenden Gesellen endlich näher zu kommen und ihn einmal ins Maul zu nehmen, wie er wirklich schmeckt!

Für Purzel allerdings sind diese einsamen, gespenstischen Nächte nicht sehr angenehm. Es wird nachts plötzlich kalt. Es gibt da keine Maisfelder oder warme Heuhaufen, worin man sich verkriechen kann. Lux hat, als er nach seiner nächtlichen Streife einmal das vor Kälte zitternde Häschen so einsam dahocken sah, ihm unter einem Stein ein tiefes Erdloch mit seinen Pfoten ausgescharrt, ihm aus Gras und kleinen Kräutern dort ein duftiges Bett gemacht und versprochen, oben neben dem Stein liegen zu bleiben, damit es sich nicht ängstige.

Doch wie in der nächsten Nacht der honiggelbe Mond riesig aus der Steppe aufsteigt, da hat Lux erst leise zu heulen begonnen, dann macht er ein paar große Sprünge um den Stein, unter dem die niedliche Höhle Purzels sich befindet; immer länger werden die Sprünge, immer weiter die Kreise, die Lux um Purzels Lager zieht, schließlich rennt er gradeaus, schnurstracks dem Mond entgegen.

Frühmorgens vor Sonnenaufgang kehrt er zurück und legt sich mit dampfendem Fell und heraushängender Zunge neben den Stein.

Das Häschen Purzel, das jenes nächtliche Heulen gehört und nicht mehr geschlafen hat, kommt aus der kleinen Höhle hervorgehopst. Es wirft einen Blick auf Lux und weiß sofort, was geschehen ist. Aber es wischt sich wie immer mit seinen weichen Pfötchen die Augen aus und sagt: »Guten Morgen, Lux! Wie war die Nacht? Hast du ein bisschen geschlafen?«

»Natürlich!«, knurrt Lux. »Man kann doch nicht jede Nacht wachen!«

Purzel fragt nicht weiter, sondern hopst umher, um sich ein wenig Gras zu rupfen und etwas Tau zu trinken. Viel Appetit hat es in letzter Zeit nicht.

Lux ist inzwischen eingeschlafen. Purzel tritt näher zu dem großen Kameraden; es möchte dem Schlafenden leise mit seinen Pfötchen über den Kopf streicheln; aber da sieht es, wie seitlich an Luxens Schnauze frisches Blut klebt. Lux hat gejagt. Schließlich kann er nicht von Gras leben. Das ist sein Gesetz. Er muss sich lebendige Nahrung fangen, Steppenhühner, Steppenhunde, Steppenhasen. Dazu muss er nachts jagen – für sein Leben. Das ist sein Gesetz. Und seit er in Freiheit ist, tritt sein Gesetz so stark zutage wie die Sonne, die durch die Wolkenmauer sich Bahn bricht.

Wie Lux aufwacht, ist es warmer Mittag. Er reckt die Glieder und streckt sich behaglich lang auf dem warmen Gras.

»Soll ich dir etwas vortanzen?«, fragt Purzel.

»Das wäre nicht schlecht, Kleines!«, meint Lux.

Diese Antwort verletzt Purzel. »Du tust ja wie ein Pascha!«, sagt es zornig. »Als Kamerad könntest du schließlich auch einmal etwas zu meiner Freude und

Unterhaltung tun, anstatt jede Nacht draußen herumzujagen und tags dazuliegen und zu schlafen!«

»Ich könnte dir nachts einen kleinen Steppenhasen fangen, mit dem du spielen magst, bevor ich ihn fresse.«

»Wie roh du bist, Lux! Gar nicht etwas Zartes und Nettes kannst du dir ausdenken!«, klagt Purzel.

»Hauhauhauhau, etwas Zartes und Nettes?«, heult Lux vergnügt. »Ich kann einen dicken Knochen zerbeißen, als wäre er ein Grashalm, ich kann einem Pferd ins Genick springen und es umwerfen, ich kann heulen, dass sogar der Mond sein Gesicht verzieht – ist das nichts?«

«Gewiss, das ist sehr viel!«, sagt Purzel. »Aber kannst du mir nicht ein paar Blumen holen? Hier in der Steppe ist alles so grau und braun, und ich liebe die bunten Blumen so sehr, die roten, blauen und goldgelben, so wie sie einmal auf meinem Osterhasenfell abgefärbt waren.«

»In der Steppe gibt es keine Blumen, sondern nur Gras und kleine Kräuter; das ist das Gesetz der Steppe!«, erwidert Lux, legt seinen Kopf auf die Vorderpfoten und schlummert in der warmen Sonne ein.

Purzel kann nicht schlafen. Es geht in seine niedliche Höhle, holt das Lagerheu heraus und lüftet es in der Sonne. Früher hatte es mehrmals am Tage seine Grasspitzenmahlzeit eingenommen; doch in letzter Zeit fehlte ihm jeder Appetit. Auch seine Morgengymnastik mit Kreuz- und Quersprüngen, Männ-

chenmachen und Tänzen hat es aufgegeben. Grade
eben wollte es seinem Kameraden Lux ja so gern etwas vortanzen, schon um ihn in bessere Stimmung
zu versetzen, vielleicht auch um ihm zu gefallen wie
damals, als er an der Kette lag, furchtbar traurig war
und dann durch Purzels Tanzkünste und Osterhasenweisheit ganz bezaubert wurde.

Aber jetzt ist Lux frei und gar nicht mehr traurig.
Er lebt in seiner Steppe. Er kann jagen, rennen, jagen
und den Mond anheulen. Er lebt ganz nach seinem
Gesetz, dem uralten Gesetz der Steppenwölfe. Und
plötzlich wird es Purzel klar, dass dies Gesetz der wilden Steppenwölfe ein andres Gesetz ist als das Gesetz
der zärtlichen Osterhasen.

Ein Gedanke durchfährt Purzel: Sie drei – Purzel,
Lux und Azurzenka – reisten aus dem alten, grauen
Europa nach Mexiko in die Freiheit, um dort ihr Gesetz zu finden. Azurzenka fand es und lebt mit ihren
Schwestern in Gesang und singendem Glück. Lux
fand es; er jagt, wie seine Vorfahren vor tausend Jahren es taten, als ein Wolf über die Steppe. Doch Purzel,
das Häschen, das den beiden Kameraden zur Freiheit
verhalf, das für die andern so kluge Gedanken hatte, es
hat für sich selbst nicht bedacht, dass *sein* Gesetz darin
besteht, dass es mit seinen Brüdern und Schwestern
in einer saftigen, blumenbunten Wiese umherhopsen,
Gras und Kohl knabbern und Osterhaseneier verstecken muss. Jetzt aber sitzt Purzel hier einsam in der
braungrauen, endlosen Steppe neben dem schlafenden
Kameraden, neben Lux, dem Wolfshund.

Vielleicht sollte es wieder in seine Heimat zurück zu den grünen Wiesen, den bunten Blumen und den hellen Bächen, zu seinen Brüdern und Schwestern? Doch neben diesem allgemeinen Gesetz hat Purzel noch sein eigenes Gesetz: dass es niemals eine Tat bereut oder einen Weg zurückgeht. Das verbietet ihm sein Stolz. Denn so zart sein Herz ist, so stark und stolz ist es zugleich.

So bleibt Purzel bei seinem Kameraden Lux.

Lux merkt, dass Purzel nicht mehr das frühere, übermütige, lebenslustige Häschen ist. Er sucht es zu erfreuen, so wie er es mit seinem Wolfshundverstand versteht. Statt Blumen bringt er ihm eines Tages eine große, blühende Steppendistel mit. Purzel ist ganz gerührt und nimmt die Distel in seine zarten Pfötchen, sie an sein Herz zu drücken. Aber da stechen es die hundert groben Stacheln der Distel. Seine Pfötchen schmerzen schrecklich; sie bluten sogar. Lux leckt das Blut ab. Doch die Stacheln mit ihren Widerhaken dringen nur noch tiefer in Purzels Pfötchen, und Purzel ist lange krank.

Ein andermal fängt Lux für Purzel einen kleinen Steppenhasen und bringt ihn Purzel als Spielgefährten. Purzel ist außer sich vor Freude und nennt den kleinen Freund wegen seines Stummelschwänzchens »Stummel«. Aber der Steppenhase »Stummel« hat solche Angst vor Lux, dass er jedes Mal am ganzen Leibe zittert, wenn der Wolfshund nur in die Nähe kommt. Purzel empfindet schließlich Mitleid mit seinem kleinen Freunde und sagt, er solle wieder in die Steppe fliehen zu seinen anderen Kameraden. Doch »Stummel« wagt es nicht. Der große Wolfshund wird ihm nachsetzen, seine Spur verfolgen und ihn dann schrecklich zerfleischen. Und »Stummel« erzählt, wie Lux die kleinen Hasen jagt und zerreißt, bevor er sie frisst. So lebt »Stummel« in ständiger Furcht vor Lux und wagt doch nicht zu fliehen. Er wird von Tag zu Tag magerer. Eines Morgens liegt er tot neben Purzel.

Purzel schleppt den kleinen »Stummel« bei Nacht, als Lux in der Steppe jagt, weit weg von seinem Bau und begräbt ihn unter einem Stein.

Und nun ist Purzel wieder allein.

Lux spürt in seinem eigenen Herzen die Traurigkeit seines Kameraden, des Häschens Purzel. Auch er wird traurig. Und diese Traurigkeit von Lux vermehrt wieder Purzels eigene Traurigkeit.

»Purzel, höre mich, wir wollen zu deinen oder meinen Kameraden ziehen!«, schlägt Lux vor.

»Ach, du guter, großer Dummerjan!«, erwidert Purzel und lächelt zum ersten Mal seit Langem. »Deine Kameraden werden mich fressen, und meine Kameraden werden vor dir davonlaufen.«

»Und wenn wir zum Großbauern Schluckebier und zu deiner Osterhasenwiese zurückkehren?«, fragt Lux nach heftigem Nachdenken.

Purzel ist jetzt ganz nahe zu ihm herangehopst. Es macht eines seiner niedlichsten Männchen, so wie einst in der wunderbaren ersten Mondnacht, es legt ihm sein Pfötchen auf den Kopf und flüstert ihm mit seinem feuchten Schnäuzchen ins große Ohr: »Purzel geht nie einen Weg zurück, das ist sein Gesetz, merk dir das, Lux! Wir bleiben hier! Ich weiß, dass du trotz allem mein lieber, bester Kamerad bist. Ich werde auch nicht mehr traurig sein und dich nicht mehr traurig machen.«

So bleiben die beiden Kameraden – das Häschen Purzel und der Wolfshund Lux – weiter in der endlosen, braungrauen, blumenlosen Steppe, auf die tags die Sonnenstrahlen wie glühendes Blei herniederrinnen und in der nachts im kühlen Silberschein des Mondes die Wölfe heulen und jagen.

Lux liegt nun die Nächte neben dem Stein, darunter Purzel in seiner kleinen Höhle ruht. Wenn aus der Ferne das wilde Geheul der Steppenwölfe zu ihm herüberschallt, dann springt er empor, seine kräftigen Läufe spannen sich, als wolle er davonrennen; aber sofort besinnt er sich, dass drunten das kleine Purzel schläft, das hier in der blumenleeren Steppe geblieben ist, um ihn – Lux – nicht traurig zu machen. Und so bleibt Lux bei der kleinen Höhle liegen, während seine Brüder in der endlosen, herrlichen Freiheit über die nächtliche Steppe jagen und ihr lang gedehntes Geheul erschallen lassen.

Purzel ist anfangs sehr glücklich und gerührt über Luxens Verhalten. Aber bald bemerkt es, wie Lux immer magerer und magerer wird, wie seine Augen müd und traurig sind, wenn seine Zähne vor Purzel zu lachen versuchen.

Eines Tages schaut Purzel seinen Kameraden an und sagt: »Lux, du musst dir mehr Bewegung machen! Auch vermisse ich dein kräftiges Heulen! Spring ein wenig nachts in die Steppe und heule von weit her, ob ich dich wie früher aus dem andern Heulen heraushöre?«

»Wirklich?«, fragt Lux und stellt seine Ohren vor Freude hoch, während seine Augen funkeln. »Wirklich, das macht dir Spaß?«

»Gewiss!«, erwidert Purzel.

Und Lux jagt diese Nacht in die Steppe und heult, bis seine Lunge und sein Herz wieder weit werden.

»Hast du mich gehört?«, fragt Lux am Morgen frisch und voller Kraft das Häschen.

»Es war herrlich!«, antwortet Purzel.

So jagt denn Lux auch die zweite und die dritte Nacht; und seine alte Kraft kehrt zu ihm zurück.

Nach der dritten Nacht aber sucht Lux seinen Kameraden am Morgen vergebens. Er heult vor Purzels kleinem Bau unter dem Stein, er wühlt mit seinen starken Pfoten verzweifelt die Höhle um.

Purzel ist nicht dort.

Er rennt in engeren und weiteren Kreisen um die Höhle. Nirgendwo ist Purzel.

Er heult in langgedehnten Rufen, um Purzel heranzulocken.

Aber Purzel antwortet nicht.

Und wieder sitzt Lux, der Wolfshund, neben dem Stein, unter dem Purzels kleine Höhle war. Und wieder steigt der riesige, honiggelbe Mond aus der fernen, nächtlichen Steppe empor. Aus der endlosen, mondbeschienenen Weite erschallt das wilde Jagdgeheul seiner Brüder.

Lux sitzt neben dem Stein und stößt seinen eigenen, langgezogenen Heulruf aus. Aber dieses Heulen gilt nicht seinen jagenden Brüdern und nicht dem honiggelben Mond; es gilt seinem kleinen Kameraden Purzel, der mit seinen zierlichen Sprüngen und seiner Osterhasenweisheit von ihm gegangen ist und der nicht wiederkehrt.

Der Steppenbrand

Purzel findet Paolo Dreibein

Zwei Wochen lang hatte Lux, der Wolfshund, seinem Kameraden Purzel, der spurlos verschwunden war, in lang gezogenem Geheul nachgetrauert. Als aber die volle Mondscheibe immer schmaler wurde und schließlich in der dunklen Nacht nur noch als eine haardünne, kaum mehr sichtbare Sichel am Himmel stand, da ließ Lux sein einsames Trauern und begab sich wieder zu seinen Jagdgesellen, den wilden Steppenwölfen.

Wo aber war Purzel geblieben? Verschwindet doch kein Wesen völlig von der Erde, erst recht nicht, wenn es so viel erlebt hat wie unser Häschen Purzel.

Ja, Purzel war in jener Vollmondnacht in die weite Steppe gelaufen. Ihm war sehr traurig zumute, weil es seinen Kameraden verlassen musste. Es hopste eilig dem Vollmond entgegen, indem es seinen eigenen Schatten hinter sich ließ, so, als könne es auf diese Weise sich selbst entfliehen. Das ging ein paar Stunden. Dann versank der Mond am Steppenrand, und Purzel begann zu frieren; es grub sich an einer sandigen Stelle eine Kuhle; es wünschte nie wieder aufzuwachen. Aber plötzlich war es ihm, als liefen lauter Ameisen in seine Nasenlöcher; es holte tief Luft, und dann musste es so gewaltig niesen, dass der Sand in der Kuhle gen Himmel stäubte und es selbst aufwachte. Was war? Rollte da Feuer auf es zu? Brannte die Steppe? Nein, es war die Sonne, die als riesiger, glühender Ball über den Horizont kam und Purzel mit ihren ersten warmen Strahlen wachgekitzelt hatte.

»Ach, ist das Leben gut und schön!«, sprach Purzel leise für sich. Doch sogleich fiel es wieder in Traurigkeit. Denn es hatte sich an Lux, seinen großen Kameraden, so gewöhnt wie der kleine Zeiger der Uhr an den großen Zeiger.

Nun, wer das Häschen Purzel kennt, der weiß, dass es keineswegs ein »Hasenfuß« war, wie die Menschen oft verächtlich die Feiglinge zu nennen beliebten; vielmehr hatte Purzel mehr Mut wie mancher der Männer mit breiter, behaarter Brust. Es nahm also seine ganze Kraft zusammen, sprang in die Höhe, schlug einen seiner kühnen Purzelbäume, wobei es wieder auf seinem Stummelschwänzchen landete. Und jetzt sah die Welt schon anders aus. Die Sonne hatte sich am Himmel erhoben; der Nachttau funkelte noch an den hohen Halmen des Präriegrases; Purzel nahm davon einen leichten Frühtrank und knabberte einige Jungspitzen Gras. Dann begab es sich auf die Wanderung, einem neuen Leben entgegen.

Diesmal wollte Purzel allein bleiben, ohne Freund, ohne einen Kameraden, der ihm Kummer bereitete. Es wollte nur seiner eigenen Kraft und Klugheit vertrauen. So wanderte es einen Tag. Es genoss die Stille der riesigen Steppe und den Duft der kleinen Kräuter am Boden. Als die Sonne sank, suchte es sich wieder eine sandige Kuhle und buddelte sich ein. Purzel war lange genug mit Lux gestreift; es kannte genau die Sprache der Wölfe; ihr Geheul machte es nicht nervös wie die anderen Hasen, die dann aus dem Schlaf hochsprangen und sich verrieten. Anfangs lauschte Purzel, ob es die Stimme von Lux vernehme? Aber es waren nur die wilden Steppenwölfe; und so fiel Purzel, das sich tief in den Sand gewühlt hatte, in tiefen Schlaf.

Am zweiten Tag begegnete Purzel einer Schar großer hochbeiniger Vögel mit schwarzer Brust, dunklem Kopf, gelbem Hals und aschgrauen Flügeln. Sie hielten im Lauf inne und fragten das Häschen, weshalb es allein in der weiten Steppe herumhopse? »Ich heiße Nandu, der Pampastrauß. Hast du deine Kameraden verloren? Wir können dir helfen, die Deinen zu suchen!«, erbot sich der langbeinige Chef der Strauße.

»Schönsten Dank!«, erwiderte Purzel. »Ich wandere lieber allein.«

»Verzeihung unsrer Frage«, meinte der Nandu höflich, »doch es ist so ungewöhnlich – hat man dich verstoßen?«

»Nein; aber ich liebe die Einsamkeit.«

»Mein kleiner Freund, du weißt, das ist gefährlich. Man ist stärker in Gesellschaft der Kameraden. Gewiss hast du niemals einen Wolf oder Steppenhund gesehen?«

Konnte Purzel hierauf etwas entgegen? Es lächelte bloß.

»Es ist wohl schwach an Verstand!«, meinte mitleidig eine alte Straußenmama.

Der Nandu aber sagte zu Purzel: »Viel Glück, mein Dummerchen! Und wenn du nachts Geheul hörst, so springe nicht nach vorn von ihm weg, sondern schlage dich seitlich! Die Wölfe jagen stets geradeaus!«

An den nächsten Tagen begegnete Purzel noch der Riesenschlange mit den bunten Mustern auf dem Rücken und dem mordlustigen Steppenadler. In beiden Fällen drückte sich Purzel regungslos an den Boden, sodass es wie ein Häufchen Sand aussah. Denn es wusste, dass die beiden Feinde nur auf sich bewegendes Lebendiges stoßen. Der Adler zog denn auch über das »tote« Häufchen hinweg. Der goldgelb gestreifte Knäuel hatte jedoch seinen Kopf erhoben und blickte mit den stumpfen, achatgrauen Augen starr auf das regungslose Etwas, während der Hals sich hin und her wiegte und die Zungenspitze immer wieder wie ein Flämmchen vorschoss Dabei zischte sie: »Ich habe Zeit – hihi! Ich kann warten – hihi! Ich bin die Boa bollera constrictor!«

Was konnte das arme Häschen tun? Sah es von unten in die achatgrauen Augen der Riesenschlange, so wurde ihm ganz schwindlig. Lange wie leblos liegen konnte es auch nicht mehr. Doch Purzel gab seine Sache nicht verloren. Es dachte angestrengt nach. Und dann wusste es, was zu tun sei. Es wartete, bis sich die Sonne so gedreht hatte, dass sie der Boa bollera direkt in die Augen brannte. Die Schlange pendelte jetzt etwas zur Seite, um die geblendeten Augen zu schützen. Diesen Moment hatte Purzel erwartet; es setzte in einem gewaltigen Salto über die Riesenschlange hinweg, und – auf dem Boden angelangt – wirbelte es der herumfahrenden Boa mit den kräftigen Hinterpfoten eine ganze Wolke Sand in die Augen, sodass man selbst durch eine Schutzbrille nichts hätte sehen können. Ehe die Schlange den Staub von ihren Augen abgeschüttelt hatte, war das Häschen bereits verschwunden.

Wieder war eine Woche vergangen, und Purzel hatte noch manches Abenteuer erlebt. Da gab es die Termiten, die großen roten Ameisen, die sich aus trockenem Gras, winzigen Holzteilchen und Steinchen turmhohe Häuser bauen und den Wanderer mit ihren Millionenheeren überfallen; da lauerten die Skorpione und Erdspinnen mit dem Giftstachel, der einen Menschen töten kann. Dann aber vernahm Purzel eines Abends, als es sich schon einen Unterschlupf suchte, ein lustiges Quietschen und Kichern, wie es nur von einer Hasengemeinde herrühren konnte. Purzel schlich sich heran. Es sah auf einem Platz niedergetretenen Grases einen ganzen Kreis von Steppenhasen.

Mitten in diesem Kreis suchten zwei Hasen über einem auf hohen Gabeln ruhenden Holzstock den Purzelbaum oder – wie es in der Pampasteppe heißt – den »Salto mortale« zu schlagen. Dem einen Springer glückte es wunderbar, während der andere stets auf seine Schnauze fiel. Die Hasengemeinde aber fand dies furchtbar spaßig und rief dem Schnauzenfaller zu:

»Spring, Paolo,
Dreh den Salto!
Fällst du auf dein Nasenbein,
Hast zum Drehbein noch ein Bein!«

Jetzt erst sah Purzel, dass der Verlachte, der immer auf die Nase fiel, nur drei Beine hatte. Purzel fand das Ganze gar nicht zum Lachen; es wollte in den Kreis hopsen und den andern seine Meinung sagen. Doch da war das Spiel mit dem »Dreibein« schon zu Ende; und andere Hasen kamen an die Reihe, ihre Künste zu zeigen.

»Dreibein« aber hatte sich seitlich ins hohe Steppengras verdrückt. Plötzlich hörte er neben sich eine leise Stimme: »Bist du traurig, Dreibein?«

Dreibein erschrak und wollte fortspringen. Da versperrte ihm ein seltsames Häschen den Weg. Es hatte ein schneeweißes Fell und winkte freundlich mit den Ohren, während es sprach: »Ich heiße Purzel, Purzel Weißfell, und habe alles gesehen.«

»Ja, ich habe mich wieder einmal blamiert«, sagte Dreibein, »aber wenigstens hatten die anderen ihren Spaß.«

»Ein schöner Spaß!«, meinte Purzel.

Dreibein mit seinem graubraunen Steppenhasenfell saß schweigend da. Purzel fuhr ihm mit seinem weichen Pfötchen über den Kopf und über den Rücken. Dreibein hielt ganz still. So saßen sie eine Weile.

»Es ist zu laut hier«, sagte Purzel.

Sie sprangen in die dunkle Steppe. Purzel scharrte schnell mit den Hinterpfoten eine Kuhle in den noch warmen Sand. Dahinein hockten sich beide. Die Luft schwirrte noch von der Tagesglut. Faustgroß hingen einzelne Sterne am Himmel.

Da begann der braunfellige Dreibein ganz von selbst zu erzählen: »Eigentlich heiße ich Paolo. Aber seitdem mir als Kind ein Wolf die rechte Hinterpfote abbiss, nennen mich alle bloß Dreibein.«

»Ich werde dich Paolo nennen!«, erklärte Purzel und strich ihm wieder über den Kopf. »Aber wie konntest du dich vor dem Wolf retten?«

»Glück im Unglück!«, erwiderte Paolo. »Es war vor dem Erdloch meiner Tante Pepita; sie zerrte mich von innen an meinen Vorderläufen durch den schmalen Eingang in den Bau wie eine Spinne den Faden durch die Masche. Der Wolf konnte nicht folgen.«

»Und du kannst nicht zusehen, wenn die andern springen?«

»Nein, Purzel, dann juckt mich immer mein fehlendes Bein.«

Purzel und Paolo beschlossen, zusammenzubleiben und zu zweit – unabhängig von den andern – das Leben zu bestehen. Beide hatten viel verloren. Wenn sie im hohen Gras, da die Sonne ihre Pfeile gegen die Erde schoss, oder nachts in der noch tagwarmen Sandkuhle einander ihre Geschichten erzählten, so tröstete Purzels Traurigkeit das schwere Herz Paolos, und Paolos herbes Los vertrieb die Erinnerungen Purzels an Lux, den verlorenen, jagdwilden Freund. So lebten sie miteinander in der großen, einsamen Freiheit der Steppe, wo der Wind und die Sonne die eigentlichen Herrscher sind.

Aber der Wind und die Sonne zeugen in ihrer stürmischen wilden Liebe ihr Kind; es hat züngelnde rote Haare, einen goldgelben Leib und weit ausgreifende, grauweiße, rauchige Arme. Das Kind ist das Feuer. Wenn die Sonne wochenlang das Steppengras ausgedörrt hat und die dürren Halme zu glimmen beginnen, plötzlich haucht der Wind mit vollen Backen und spitzem Mund hinein; ein winziges Flämmchen springt aus den glimmenden Halmen, und jetzt bläst der Wind mit geblähten Nüstern – das Feuer rast mit fliegenden roten Locken, weit greifen seitlich seine Arme aus, eine grauweiße Wolke wälzt sich voran, schwarzer Rauch erhebt sich wie eine dunkle Wand hinter ihm. Ein hohes Sausen tönt über die weite Fläche.

Die Steppe brennt!

Der Sturm heult. Das Feuer fliegt. Die Tiere rasen in Todesangst davon. Geradeaus. Aber auch seitlich und vor ihnen beginnt von dem Funkenflug das Gras zu flammen.

»Wohin?«, fragt Purzel den Freund, wie es die riesige schwarze Rauchwolke sieht.

»Wir müssen uns in die Erde vergraben«, meint Paolo Dreibein.

»Beginnen wir!«

Unter Purzels Hinterläufen fliegen die Erdbatzen. Paolo sucht mit seinen Vorderpfoten den Sand wegzuscharren, da er mit seinem einzigen Hinterlauf nicht helfen kann. Doch schon schwirrt die Luft von Funken. Unerträglich ist die Hitze. Am Horizont wächst die schwarze, rotzuckende Wolke – die Feuerwand. Die Zeit, einen Erdbau für sie beide zu scharren, ist zu kurz. Weiterrennen wie die anderen Tiere in Panik? Da überall schon die Steppe zu brennen beginnt? Da Paolo mit seinen drei Beinen einen schnellen Lauf nicht lange wird mitmachen können ...

»Leb wohl, Purzel!«, sagt Paolo. »Renne du! Rette dich!«

»Unsinn! Wir beide oder keiner!«, erklärt Purzel. »Springen wir! Ich werde dir helfen!«

Die beiden sind eine Strecke gerannt, da merkt Purzel, wie Paolo zurückbleibt. Purzel setzt sich zu ihm. »Ruh dich ein bisschen aus!«, sagt es und reibt das Näschen an Paolos Nase. Und Paolo spürt wieder, dass Purzel ein Weibchen ist.

Rennen! Rennen! Das Leben ist kostbar!

Er springt hoch. Da rauscht es neben ihnen im Gras. Hasenohren, überall Hasenohren, ein ganzes Meer von sich spitzenden, fächelnden, sich drehenden Ohren! Und jetzt ruft man: »Hallo! Seht doch – Paolo Dreibein! Das Feuer heizte ihm ein, dass er sich eine Freundin zugelegt hat, der verschmitzte Einsiedler!« Und zu Purzel Weißfell: »Nimm den Hinkebein doch auf deinen weißen Rücken, Schneewittchen!«

Aber der mächtige Chefhase Caesare Löwensprung fährt mit seiner Pfote den jungen Spöttern über die Nase: »Still, ihr Grüngemüse! Jetzt·ist nicht Zeit zu scherzen! Dreibein, schließe dich mit deiner weißen Dame an! Und nun weiter! Galopp!«

»Gestatten Sie, einen Moment, starkpfotiger Vater!« Purzel verneigt sich schnell vor dem Chefhasen, sodass dieser einhalten muss; denn ein Chefhase sieht auf gute Haltung und ist stets höflich zu Damen. Purzel jedoch kommt es darauf an, den ermatteten, galoppunfähigen Freund Paolo Dreibein nicht zu verlieren. Deshalb spricht das kluge Häschen Purzel: »Belieben Sie, weitblickender Vater, ein Auge über die Steppe ringsum zu werfen! Auch vorn und seitlich beginnt das Gras zu brennen. Wir rennen ja schließlich auch vorn in das Feuer hinein.«

Der Chefhase Caesare setzt sich hoch auf die Hinterpfoten; sein Schnurrbart sträubt sich grimmig. Er muss Purzel recht geben.

Düster spricht er: »Bei meinem Barte, die Kleine hat recht! Was ist zu tun?«

»Wenn ich mir ein Wort erlauben darf«, fährt Purzel fort, »wir befinden uns hier auf einer Art Insel – das heißt, noch für kurze Zeit. Diese Zeit sollten wir nutzen und die Insel gegen das Feuer verschanzen!«

»Verschanzen?«

»Ja, verschanzen!«, erwidert Purzel, das auf seiner weiten Reise so manches Wissenswerte durch seine beweglichen Ohren aufgenommen hatte. »Ein Teil von uns müsste um unsern jetzigen Standort schleunigst kreisförmig einen Graben ziehen und dahinein sein Wasser lassen; der andere Teil der Kameraden sollte in Windeseile vor diesem Graben das Gras abbeißen und unter die Erde scharren! Dann findet das Feuer, wenn es zu uns kommt, keine Nahrung mehr und verendet im Sande.«

»Weshalb seid ihr dann selbst geflohen und habt keinen Graben um euch beide gezogen?«, fragt misstrauisch Caecilie Löwensprung, die fette Chefhäsin.

»Ihre Frage ist berechtigt, allweise Mutter«, erwidert Purzel bescheiden, »aber unsrer beider Kräfte waren zu gering; doch hier, da wir zweihundert Hasenbrüder und -schwestern sind ...«

»Schwestern?«, wiederholt die alte Häsin geringschätzig. »Du mit deinem ausgebleichten Fell ...«

»Streite nicht immer, Caecilie!«, unterbricht sie der Chef, der die Gelegenheit wahrnimmt, seiner Gattin befehlen zu können. »Ans Werk! Alle! Man bilde zwei Haufen: den einen für den Graben, den andern fürs Vorfeld zum Abreißen des Grases! Man halte sich genau an diesen meinen Plan! Vorwärts, und mit aller Kraft!«

Hei, wie springen da die Hasen zur rettenden Arbeit! Zweihundert Hasenpfoten scharren den von Caesare Löwensprung und Purzel schleunigst abgesteckten Kreis zum tiefen Graben aus, dass der Präriestaub hochwirbelt wie eine Gewitterwand. Geht es doch ums Leben! Denn die Luft wird von der sich heranwälzenden Feuerschlange schon heißer und heißer. Mit gleicher Eile rupfen hundert Hasenmäuler vor dem Graben das Präriegras ab und wühlen über dieses Gras die ausgebuddelte Erde des Grabens zu einem richtigen Wall. Überall aber sind Caesare, der Chefhase, und Purzel, sein Adjutant, ermunternd und befehlend zur Stelle – wobei Purzel dem Chef ab und zu unbemerkt etwas ins Ohr flüstert, was dieser dann als seine Weisheit von sich gibt.

»Das Feuer!«, ruft plötzlich Caesare. »Alle Mithasen den Graben bewässern!«

Die zweihundert Hasen lassen ihr Leibeswasser in den Graben. Erdwall, Graben, Wasser ... es ist schon eine Schutzwehr.

Die riesige, glühende Feuerschlange zischt ganz nahe über den Boden. Sie speit ihren heißen Atem aus. Die Luft kocht. Viele Hasen lassen ihre Arbeit und wollen fliehen. Überall züngeln jetzt Hunderte kleine Feuerschlangen vor ihnen im Steppengras. Da flüstert Purzel dem Chef schnell etwas ins Ohr.

»Alle in den Kreis! Keiner flieht! Jeder buddelt sich in die Erde! In einer Minute sind wir vom Boden verschwunden! Auftauchen erst auf meinen Befehl!«, ruft donnernd Caesare.

Im Nu sind alle Hasen im Kreis. Mit Schnauzen und Pfoten wühlen sie sich in die Erde, dass bald nur noch die weißen Spitzen der Stummelschwänzchen herausschauen, als sei das Ganze ein Gartenbeet mit weißen Margeritenblumen. Noch zehn Sekunden, und auch die »Margeriten« sind verschwunden. Es bleibt nur noch ein grauer, lebloser Hügel, um den ein Wassergraben sich befindet und vor diesem ein ebenso grauer, grasloser Erdwall.

»Hihi! Zimperliches Gezücht!«, zischt böse die Feuerschlange. »Nichts zu schlingen?«, zischeln die hungrigen, roten Schlänglein. »Nichts, nichts, nichts!«, züngelt es überall um den grauen, sandigen Wall und zieht sich eilig zurück vor dem Sand und dem Wassergraben, in dem einige der vorwitzigen Feuerschlänglein bereits verendet und verlöscht sind. Denn Sand und Wasser sind des Feuers Todfeinde.

So macht denn das Feuer einen Bogen um die verschanzte Sandinsel. Die wenigen Feuerschlänglein aber, die vom Windstoß bis auf die Insel selbst geschleudert werden, atmen in kurzen Sekunden im Sand ihr Leben aus. Bald ist das Feuer über diesen Teil der Steppe hinweggefegt. Schon verschwindet die schwarze Brandwolke mit dem Winde am fernen Horizont.

»Alles herausbuddeln!«, ertönt jetzt die mächtige Stimme des Chefhasen Caesare Löwensprung. Wie aus ihren eigenen Gräbern erheben sich die zweihundert Hasen. Ehrfurchtsvoll blicken sie auf ihren Chef. Keinem ist ein Härchen verbrannt. Caesare wischt sich den Staub vom Schnurrbart. »Meine Mithasen! Hatte ich nicht recht?«, fragt er triumphierend, mit einem besonderen Blick auf seine Gattin Caecilie.

Alle Hasen schlagen in begeistertem Beifall ihre vierhundert großen Ohren gegeneinander, dass es nur so knallt.

»Ich wünsche nicht eure Anerkennung«, erklärt der Chefhase vornehm, »sondern eure Einsicht, dass unsre gemeinsame Kraft stärker ist als selbst die furchtbare Feuerschlange!«

»Doch die Erde ist jetzt schwarz!«, jammert ein Hase. »Alles Gras ist verbrannt! Wovon leben?«

Caesare schaut den Vorwitzigen drohend an. »Wovon jetzt leben?«, wiederholt er langsam, um Zeit zu gewinnen, wobei er sein linkes Ohr wie zufällig senkt, dorthin, wo Purzel neben ihm hockt. Purzel aber flüstert etwas kaum hörbar unter den breiten Ohrlappen des Chefs.

»Wovon leben, du Mausgehirn!«, fährt Caesare jetzt fort. »Ließ ich nicht vorsorglich vor dem Graben unter der Erde reichlich Gras verscharren als Vorrat für die ersten Tage!«

»Unser weiser Vater und Chef!«, jubeln rings alle zweihundert Hasen. »Vivat! Olé! Er lebe!« Alle stürzen bereits auf den Erdwall, um das Gras herauszuscharren.

»Halt!«, donnert Caesare Löwensprung. »Ihr Toren! Der Vorrat wird eingeteilt! Jedem sein Teil! Und dass ihr mir unsere Freundin Purzel Weißfell nicht vergesst!«

»Und Paolo Dreibein!«, flüstert Purzel.

»Und Paolo Dreibein!«, befiehlt dröhnend der Chef. »Gastfreundschaft ist die vornehmste Tugend für jeden gebildeten Steppenhasen!«

Es war klar, dass keiner der Steppenhasen ungebildet sein wollte, weder die kleinen Häschen, die kaum ein knospendes Stummelschwänzchen hatten, noch auch die ehrwürdigen Hasen mit ihrer grauweißen Margeritenblume am Hinterteil.

So blieben denn Purzel Weißfell und Paolo Dreibein als Hasenpaar in der großen Hasengemeinschaft, die sich in den Randgebieten, wo der Steppenbrand nicht gewütet hatte, wieder neue Wohnsitze schufen. Über ihrer beider Erdhöhle aber hatte Paolo mit seinen Pfötchen diesen Spruch eingeritzt:

> Warte nicht, bis Feuer droht!
> Lebst allein du, bist du tot;
> Doch noch stärker als wir zwei
> Ist die Hasenkumpanei.

Schnurzel, das Neinchen

Purzel und Paolo Dreibein haben ein Kind. Es ist ein seltsames Häschen mit weißem Fell und einigen braunen Streifen. Das Weiße stammt von Purzel, der Mutter, das Braune von Paolo, dem Vater. Wenn Purzel das Häslein sieht, muss sie manchmal an jenen Ostertag in ihrer fernen Heimat denken, da sie mit dem Saft der bunten Wiesenblumen die Ostereier für die Menschenkinder färbte, wobei ihr schneeweißes Fell blaue, rote und grüne Flecke erhielt – ein richtiges »Osterhasenfell«.

Lange ist es her. Und viel ist inzwischen geschehen.

Das Kind von Purzel und Paolo hieß in der Hasenkolonie allgemein »Schnurzel«. Damit hatte es folgende Bewandtnis: Das Häschen besaß den festen Sinn – um nicht zu sagen den Eigensinn – seiner Mutter. Wenn nun seine Spielkameraden es zu etwas mit aller Gewalt zwingen wollten oder wenn die alten Hasen ihm mit Strafen drohten, dann sagte das Purzelkind: »Mir ist alles schnurzwurzpiepe!« Deshalb hieß es nach der ersten Silbe einfach »Schnurzel«.

Wie gesagt, Schnurzel war ein richtiger Trotzkopf. Rief man ihn: »Schnurzel, du musst jetzt dieses oder jenes tun!«, so erwiderte es stets, ohne lange zu überlegen, mit dem einen Wort: »Nein!« Deshalb hatte es auch noch den Spitznamen das »Neinchen«. Weiß der Himmel, woher das ewige »Nein« kam!

Die älteren Hasen nannten Schnurzel »ein schwieriges Kind«, das man einsperren und kurzhalten müsse. Die jungen Hasen aber hänselten Schnurzel, indem sie sagten: »Du musst zwanzigmal den Sandhügel kopfüber herunterrollen, oder wir beißen dir die Ohren ab.« Vater Dreibein setzte wegen seines Trotzes Schnurzels Abendfutter oft auf die Hälfte herab und sperrte das Söhnchen tags in den dunklen Erdbau. All das half nichts. Fragte man nach solch einem Dunkelarrest: »Willst du das nächste Mal gehorchen?«, so antwortete Schnurzel sofort: »Nein!«

Die Mutter war darüber sehr betrübt. Sie versuchte es mit Güte. Wenn sie leise bat: »Rupfe draußen doch junge Grasspitzen für den Abendsalat«, so sagte in diesem Falle Schnurzel zwar nicht »Nein«; aber es stand da, steif wie ein Stock. Es war einfach wie gelähmt. Am nächsten Abend ging es dann freiwillig die Grasspitzen holen, der Mutter zuliebe. Aber da hatte die Mutter es schon selbst besorgt.

Darüber war nun das »Neinchen« traurig. Es hatte ein gutes Herz und tollte oft auch fröhlich mit seinen Kameraden. Aber es konnte einfach nicht »über seinen eigenen Schatten springen«, wie man so sagt.

Als Schnurzel, das »Neinchen«, älter wurde, meinte Vater Dreibein, man müsse nun mit ihm zum Ziele kommen. Er hatte beobachtet, wie Schnurzel die zarten, aber bitteren Spitzen der Aloepflanze, die im Frühjahr der guten Verdauung wegen dem Salat beigemischt wurden, stets ausspuckte. Vater Dreibein tat nun absichtlich etwas mehr Aloespitzen in das Abendessen. Wie er sah, dass Schnurzel an dem Salat herummäkelte und jede kleine Aloespitze heraussuchte, da befahl er: »Der Salat wird gegessen, wie er angemacht ist! Ich zähle bis drei!«

Die Mutter trat rasch zwischen beide und sagte sanft: »Paolo, bitte!« Doch Vater Dreibein schob sie zornig beiseite, stellte sich neben sein Söhnchen und kommandierte: »Eins! Zwei …«

Schnurzel rührte sich nicht.

»Drei!« Vater Dreibein stupste Schnurzels Kopf mit aller Kraft in den Salat. »Wirst du es endlich begreifen!«

In diesem Augenblick feuerte Schnurzel mit seinen Hinterläufen aus, sodass der ganze Salat mit den Aloespitzen dem Vater ins Gesicht flog und in seinem Bart hängen blieb. Nur dadurch, dass Mutter Purzel zwischen die beiden sprang, wurde Schlimmeres verhütet.

Ein andermal hatte der Vater seinen Krückstock, den er wegen seines fehlenden Hasenbeins im Alter benutzte, irgendwo draußen stehen gelassen. Es war schon Nacht. Vater Dreibein befahl Schnurzel: »Gehe hinaus und hole mir den Stock!« Schnurzel erwiderte prompt: »Nein!« Der Vater, der die Sache diesmal nicht auf die Spitze treiben wollte, verspottete Schnurzel: »Entschuldige, ich vergaß, es ist draußen Vollmond! Da jagen die Wölfe ringsum!«

»Das ist mir schnurzwurzpiepe«, entgegnete Schnurzel ruppig, obwohl es ihm leid tat, den Vater zu kränken.

»Schon gut, mein Kind«, sagte die Mutter, »bleibe hier! Ich gehe!«

»Nein, lass mich!«, wehrte ihr Schnurzel. Wie der Blitz war es zur Tür hinaus und kam alsbald mit dem Krückstock zurück.

Hierdurch fand die Purzelmutter den Weg, mit ihrem Kind umzugehen. Sie sagte stets das Gegenteil von dem, was Schnurzel eigentlich tun sollte. Und da Schnurzel seinerseits stets das Gegenteil von dem tat, was man von ihm forderte, so tat er genau das, was die Mutter wollte. Das heißt: Aus zwei »Nein« wurde ein »Ja«. Zum Beispiel wollte die Mutter, dass Schnurzel nach dem Regen die frischen Maisspitzen bei der Menschensiedlung sammele, so sagte sie bloß: »Heute haben wir noch alte Maisblätter im Bau. Du brauchst keine neuen zu holen; es regnet noch.«

»Ist mir schnurzwurzpiepe!«, entgegnete Schnurzel, sprang hinaus, sammelte die frischen Maisspitzen und brachte sie schleunigst heim.

Die Mutter verriet Vater Dreibein ihr Geheimnis nicht, weil sie fürchtete, er könne wieder alles verderben. Sie flüsterte künftig dem Söhnchen ihre Wünsche ins Ohr. Vater Dreibein und die anderen Hasen sagten: »Sie verhext ihn!«, und ließen es geschehen.

Das ging so eine ganze Weile. Aber die klügste Rechnung hat oft ein Loch.

Eines Tages wollte Mutter Purzel die Tante Pepita in der Nachbarhasenkolonie jenseits des großen Sandhügels besuchen. Diese Tante hatte ihr Heilkräuter versprochen gegen das schlimme Gliederreißen von Vater Dreibein. Mutter Purzel wünschte nun, dass ihr Sohn Schnurzel mit dem Vater zu Hause blieb, weil in der Vollmondnacht wieder ein Wolfsrudel in der Gegend jagte. Deshalb flüsterte sie dem Söhnchen ins Ohr: »Schnurzel, hole mich vor dem Abend ab! In der Vollmondnacht streifen die Wölfe.«

»Es wird dich keiner fressen«, erwiderte Schnurzel. Das sagte er, obschon es ihm sofort leid tat; denn er liebte die Mutter über alles. Doch er konnte ja nicht anders.

Die Mutter aber war mit der abschlägigen Antwort des Söhnchens wohl zufrieden. Sie wusste, dass Schnurzel jetzt zu Hause blieb. Sie selbst würde bis zum hellen Morgengrauen bei der Tante Pepita sich ausruhen und dann bei Tage heimkehren.

So zog sie los.

Wie es nun Abend wurde, überfiel Schnurzel eine immer größere Unruhe. Er hockte gegenüber dem Vater und aß kaum etwas. Auch Vater Dreibein saß schweigend da. Bald räumte Schnurzel in der kleinen Erdhöhle die Speisen weg und hopste vor den Bau. Der Mond stieg groß und rot am Steppenrand empor. Fern begann jetzt ein Wolf zu heulen. Bald antwortete ein zweiter. Und jetzt ein dritter. Die Rufe kamen von verschiedenen Seiten. Das Rudel sammelte sich zur Jagd.

Um was hatte die Mutter ihn doch gebeten? Er solle sie vor Abend abholen. Das war unmöglich! Denn er musste ja genau das Gegenteil tun von dem, um was man ihn bat … also hierbleiben!

»Nein, ich werde nicht gehen!«, sagte er zu sich selbst. »Was muss sie auch zur Zeit der Vollmondnächte, da die Wölfe jagen, wegrennen? Mir ist das alles schnurzwurzpiepe!« Er schlüpfte also wieder in den Bau, wo Vater Dreibein auf dem trockenen, leicht duftenden Gras schon ein Schnarchkonzert begonnen hatte.

Aber Schnurzel fand keine Ruhe. Immer wieder fuhr er hoch, wenn draußen das Jagdgeheul der Wölfe ertönte. Wo die Mutter jetzt sein mochte? Vielleicht war sie gerade auf dem Heimweg? Vielleicht setzte ein Wolf ihr nach und drängte sie immer weiter von der Hasenkolonie ab, sodass sie überhaupt nicht mehr heimkehren konnte? Vielleicht … Schnurzel wagte diesen Gedanken nicht zu Ende zu denken. Eine furchtbare Angst um die Mutter hatte ihn erfasst. Er erhob sich leise vom Lager und kroch hinaus.

Die große gelbe Scheibe des Mondes stand schon hoch am Himmel. Es war ein unheimliches, silbernes Licht, fast so hell wie am Tage. Und immer wieder ertönte das Geheul eines Wolfes. Schnurzel schien es, als käme der Ruf von den Sandhügeln, über die jetzt die Mutter heimkehren musste.

Was hatte sie ihm doch gesagt? »Schnurzel, hole mich ab!« Nein, das konnte er nicht! Unmöglich!

Aber hatte die Mutter dies wirklich gesagt? Würde sie ihn, ihren Liebling, in der Mondnacht der Gefahr der Wölfe aussetzen? Ebenfalls unmöglich!

Schnurzel machte bereits die ersten Sprünge in der Richtung der Sandhügel. Wahrscheinlich hatte er die Mutter bloß missverstanden? Wahrscheinlich hatte sie ihn aufgefordert, zu Hause zu bleiben? Dann aber musste er nach seiner Natur jetzt das Gegenteil tun: Losrennen? Die Mutter abholen! Und schon rannte Schnurzel in langen Sätzen die Sandhügel hinauf. Herrlich war das in der klaren, hellen Nacht. Er dachte, wie die Mutter sich erschrecken würde, wenn er plötzlich vor ihr auftauchte, und wie sie sich dennoch freuen würde. Da hörte er seitlich von sich ein entsetzliches, wütendes Geheul! Ein Wolf! Schnurzel nahm alle Kraft zusammen! Er raste den Sandhügel hinauf. Aber der Wolf war schon an seiner Seite. Schnurzel schlug einen Haken. Umsonst! Der Wolf sprang über ihn hinweg und stand dicht vor ihm.

Atemlos, voll Entsetzen schaute Schnurzel in den mächtigen, dampfenden Rachen, in dem im Mondlicht die großen weißen Zähne blinkten, gleich einer Reihe stählerner Sensen.

Schnurzel schrie: »Nein! Nein!« Die Augen seines dunklen Gegenübers funkelten jetzt wie riesige rote Sterne. Was nutzte da alles »Nein!«? Das war das Ende!

Auf einmal hörte Schnurzel aus dem Rachen des Wolfes ein seltsames gurgelndes Geräusch. Das Ungeheuer kam auf ihn zu, hob seine große Pfote und strich ihm übers Fell. Und da gurgelte es wieder aus seinem Rachen, gar nicht sehr drohend, mehr belustigend. Und jetzt sprach der Wolf: »So ein weißes Fellchen!

So ein kleiner Purzelbaum! So ein Tröpfchen Mondspucke!« Der Wolf lachte: Er lachte, dass es seinen starken Körper schüttelte wie der Sturm einen Baum. »Wo kommst du denn her, du Tröpfchen Mondspucke?«, fragte der Wolf. »Kennst du vielleicht das Häschen Purzel?«

Nein, wollte Schnurzel sagen, aber er flüsterte: »Purzel ist meine Mutter ... ist ja schnurzwurzpiepe«, fügte er noch hinzu.

Wieder strich der Wolf ihm mit seiner großen Pfote vorsichtig über das Fell. »Wohin willst du denn, kleine Mondspucke?«, erkundigte er sich.

»Zur Tante Pepita über den Sandhügel.«

Und schon hatte der Wolf das Häschen im Nacken gepackt – aber so, dass es seine scharfen Zähne kaum spürte – und jagte, es im Maule tragend, über den Hügel bis vor den Bau der Tante. Dort setzte er es nieder, schubste es noch einmal leise mit seiner Schnauze und rannte davon.

Wie erschrak da die Mutter Purzel, als ihr Söhnchen so plötzlich vor ihr und der Tante stand! Sie begriff zuerst nichts von den atemlosen Worten Schnurzels, an dessen Fell noch der furchtbare Geruch des Wolfes hing.

Als aber Schnurzel den Satz des Wolfes wiederholte: »Wo kommst du denn her, du Tröpfchen Mondspucke?«, da weiteten sich auf einmal die Augen der Mutter Purzel. »Du Tröpfchen Mondspucke hat er gesagt?«, fragte sie, und sie schüttelte ihr Söhnchen. »Du Tröpfchen Mondspucke?!«

»Nun ja: Mondspucke! Ich hätte ihm am liebsten dafür eins über die Schnauze gegeben«, erwiderte Schnurzel. »So ein Grobian!«

Die Mutter aber umarmte immer wieder ihr Söhnchen. Zwei Tränen fielen aus ihren Augen auf seine kleine rosa Nase. Und sie lauschte in die Nacht, ob sie nicht doch noch das Geheul des Wolfes höre?

Pit Pikus und die Möwe Leila

E inmal aber geschah etwas Seltsames im Walde »Grünenacht«, in dem auch bei Tage durch die hohen Kiefern und Tannen das Licht wie durch einen dichten grünen Vorhang fiel. Mitten unter die eifrig an den Rinden hämmernden, schwarz gefiederten Spechte stürzte wie vom Himmel herab etwas blendend Weißes, ein weißer Vogel mit weißer Brust, einem rötlichen Schnabel und langen, kühn geschwungenen weißen Flügeln. Der weiße Vogel sank erst auf die oberen Äste einer mächtigen Kiefer und fiel dann tiefer und tiefer von Zweig zu Zweig, bis er auf dem Moos des dunklen Waldesgrundes landete.

Es war die junge Möwe *Leila*. Sie hatte draußen auf dem Meer mit ihren Brüdern und Schwestern sich im Sturzflug geübt und war dabei wilder als alle andern geflogen, als eine Windböe sie erfasste und hoch zu den schwarzen Gewitterwolken emportrug. Dort war sie von dem Sturm hin und her geworfen und – von grellen Blitzen geblendet – landeinwärts geschleudert worden, wo ihr rechter Flügel an den Ast einer hohen Kiefer so heftig anschlug, dass drei ihrer Schwungfedern verletzt wurden.

Und nun liegt die Möwe Leila erschöpft und flügellahm, fern von dem vertrauten Meer, auf dem Moos des dunklen Waldes »Grünenacht«. Leila blickt um sich. Überall stehen, wie riesige schwarze Stäbe eines Käfigs, die Stämme der Bäume. Nirgends ist ein Ausblick auf die weite freie Fläche des Meeres und den hohen, lichten Himmel, nirgends ein Raum, wo man im vollen Schwung die Flügel gebrauchen kann, in die Höhe zu stoßen, sich in die Tiefe zu werfen oder in weiter Kurve über das Wasser zu gleiten. Eng ist es hier und dunkel. Der Flügel schmerzt und hängt schwer herab.

»Was ist das für ein seltsames Wesen?«, meint der alte Jan Pikus, der mit seiner Frau Paula und seinem Sohn Pit am Stamm der mächtigen Fichte hinabgeklettert war. »Wahrscheinlich – man sieht es an den weißen Federn – ist es ein alter Vogel, der vor Schwäche herabfiel.«

»Unsinn!«, widerspricht die Mutter Paula. »Es ist ein ganz junges Vogelweibchen; es will schöner sein als wir, es hat sich den Schnabel rosa und die Federn weiß gefärbt; es möchte etwas Besseres sein und hat vom Sturmgott seine Strafe erhalten!«

»Es blutet unter dem rechten Flügel!«, sagt Pit Pikus und bringt etwas Moos heran, das er unter die Schwinge schiebt.

Die Möwe Leila dreht ihren Kopf herum und sieht Pit Pikus an; dabei öffnet sie ihren Schnabel, als ob sie etwas äußern wolle.

»Vorsicht, Pit!«, schreit die Mutter Pikus auf. »Schau nur ihre wilden blauen Augen, so blau wie draußen der hohe Himmel, und ihren Schnabel, so gekrümmt und scharf wie ein Raubvogelschnabel! Fort von hier, Pit, sie gehört nicht zu uns, mag sie sterben!«

»Ja, sie gehört nicht zu uns!«, erklärt auch der Vater Pikus, während die Mutter ihren Sohn wegzieht.

Die drei Spechte klettern den hohen Fichtenstamm wieder hinauf und setzen ihr lärmendes Tagewerk fort, die Käfer aus der Baumrinde herauszuklopfen.

Leila liegt allein auf dem dunklen Waldesgrund. Ihr Flügel schmerzt. Hoch oben am Baum hört sie das Hämmern der Spechte. Und in ihrem Kopf hämmern die Worte: »Sie gehört nicht zu uns!«

Wie? Ist sie nicht ein Vogel wie diese drei, bloß dass ihre Federn weiß sind und die der drei schwarz, dass sie auf dem Meere lebt und jene im Walde? Das allerdings ist ein großer Unterschied! Vielleicht stimmt es wirklich, dies: Sie gehört nicht zu uns! Aber dürfen die schwarzen Vögel ihr deshalb nicht helfen? Muss sie deshalb hier sterben?

Traurig neigt Leila ihren Kopf. Wie sie ihren wunden Flügel anders legen will, spürt sie, dass er schon auf einem kleinen Kissen von weichem Moos liegt. Hat das nicht der kleine schwarze Vogel getan?

Weshalb? Alles ist so unbegreiflich.

Es dunkelt schon, als Leila von einem leichten Stoß gegen ihre Brust aufwacht. Neben ihr sitzt der junge schwarze Vogel, der das Moos unter ihren Flügel geschoben hatte. Er schaut sie mit seinen dunklen Augen aufmerksam an, sein schwarz gefiederter Kopf steigt steil und keck aus dem langen Hals empor und läuft vorn in einen festen, spitzen Schnabel aus.

»Wie geht es dir? Hast du Hunger?«, fragt der schwarze Vogel. Und da Leila so schnell nicht antwortet, fügt er hinzu: »Ich heiße Pikus, der Specht, Pit Pikus; mein Vater heißt Jan, meine Mutter Paula;

aber fürchte dich nicht, ich habe dir zu fressen mitgebracht.« Und damit greift er unter seinen linken Flügel und holt zwei kleine Käfer hervor. »Dein Abendbrot!«, sagt er. »Falls es dir schmeckt, bringe ich dir mehr; die Alten brauchen es nicht zu wissen.«

Leila betrachtet die dahinkrabbelnden Käfer.

»Friss sie, ehe sie weglaufen!«, mahnt Pit Pikus.

Die Möwe Leila hebt ihren Kopf; sie hat noch nie in ihrem Leben einen Käfer gefressen; sie zögert.

»Wie heißt du?«, fragt der junge Specht.

»Ich heiße Leila, die Möwe.«

»Was ist das – die Möwe?«

»Wir fliegen auf dem Meer und fressen die Fische.«

»Was ist das – die Fische?«

Leila lächelt verwundert. Wie kann ein Vogel das Meer nicht kennen, den Wind, die Wellen, die Fische?

Pit Pikus nimmt schnell die davonkrabbelnden Käfer in seinen Schnabel, knackt sie und wirft die toten Dinger dicht vor Leila. »Nun friss sie! Ich habe sie von meinem Abendbrot für dich aufbewahrt!«

Leila versucht die kleinen harten Käfer zu schlucken; doch sie sind ihr zuwider; sie speit sie wieder aus.

»Sie schmecken dir nicht? Versuch es noch einmal! Man muss fressen; sonst kann man nicht leben!«, belehrt sie Pit Pikus.

Leila schluckt dem Kameraden zuliebe die Käfer hinunter; ihr wird danach ganz übel.

»Fein, nicht wahr! Direkt Konfekt!«, meint Pit Pikus erfreut. »Jetzt hole ich dir noch etwas Moos und trockene Fichtennadeln, und du wirst wunderbar schlafen!«

Pit Pikus hopst umher und baut gewandt unter einer sich hervorwölbenden großen Wurzel der Fichte ein Nest für die Möwe. »Lege dich hinein, aber mit dem Schnabel nach außen; und wenn der Marder Mintin kommt, so gib ihm eins auf die Nase! Gute Nacht!«

»Ich danke dir, Pit Pikus!«, sagt Leila, die sich in das Nest geschleppt hat. »Schlaf gut!«

Pit Pikus klettert schnell die Fichte empor; plötzlich besinnt er sich; er steigt langsam wieder hinab und fragt leise: »Hast du nicht noch Hunger, Leila?«

»Nein, danke.«

»Und hast du auch genug Moos unter dem Flügel?«

»O ja!«, antwortet Leila. »Vielen Dank!«

»Gute Nacht – Leila.«

»Gute Nacht, Pit Pikus!«

Am frühen Morgen ist Pit Pikus zugleich mit den Eltern hoch oben aus dem Nest geschlüpft; er hat einen Holzspan nach unten fallen lassen und klettert selbst schnell hinab; aber der Vater ist ihm gefolgt.

»Es ist fort, das alte weiße Gespenst!«, sagt Vater Pikus, nachdem er sich umgeschaut hat.

»Erstens ist es kein altes Gespenst, Vater, sondern es ist die junge Möwe Leila; und zweitens ist noch hier!«, entgegnet Pit Pikus.

»Nichts hier hier, du Grünschnabel!«, verweist ihn der Vater.

Doch Pit Pikus ist schon zur gebogenen Wurzel der Fichte gehopst und begrüßte die Möwe, die ihren Kopf heraussteckt: »Wie hast du geschlafen, Leila? War es warm im Nest? Was macht dein Flügel?«

»Danke, es geht mir schon besser«, antwortet die Möwe.

Der alte Pikus nimmt seinen Sohn zur Seite und fragt ihn streng: »Wer hat ihr das Nest gemacht nach unserer Art?«

»Ich konnte sie doch nicht nach oben in unser kleines Nest einladen«, erwiderte Pit Pikus.

»Das wäre ja auch noch schöner!«, fährt der Alte ihn zornig an. »Und woher weißt du ihren Namen?«

»Ich habe sie gefragt; sie ist eine Möwe, die Fische frisst, und heißt Leila.«

»Man fragt fremde Vogelweibchen nicht nach ihrem Namen!«, schilt der alte Pikus. »Das ist gegen die Sitte unseres edlen Geschlechtes! Und dann – sie hat dich belogen, mein Sohn! Höre auf deinen Vater! Ich bin bereits über vierzig Jahre alt und habe in meinem ganzen langen Leben noch nie einen Vogel Fische fressen sehen! Auch ist ihr Gefieder so weiß wie kein richtiges Vogelgefieder im ganzen Wald, sondern ähnlich dem Haar des alten Holzfällers; vielleicht sind es gar keine Federn, sondern Menschenhaare! Ein Vogel mit weißen Federn, der Fische frisst – mein Sohn, hüte dich vor diesem Wesen!«

Als Mutter Pikus diese schreckliche Nachricht von dem Fische fressenden Vogel vernimmt und von der Verletzung des Anstandes durch ihren Sohn, der ein fremdes Vogelweibchen nach ihrem Namen gefragt und ihr sogar ein Nest gebaut hat, da gerät Mutter Pikus außer sich. »Sie muss augenblicklich von hier fort, diese Person, in dieser Minute! Und wenn sie nicht geht, so müssen wir Spechte sie töten!«

»Mutter!«, fährt Pit Pikus auf.

»Nun?!«, fragt der alte Pikus streng.

»Ich werde mich unten vor ihr Nest stellen und sie mit meinem Schnabel verteidigen!«, erwidert Pit Pikus. »Nur über meine Leiche …«

»Himmel, er ist völlig wahnsinnig!«, jammert Mutter Pikus. »Dies schreckliche Geschöpf hat ihm den Kopf verdreht! Pitje, mein Einziger, mein Sohn, siehst du denn nicht, was für ein entsetzliches weißes Gefieder sie hat?!«

»Ich finde diese weißen Federn so wunderbar wie des Mondes Licht!«

»Und dieser schreckliche rosa Schnabel!«

»Er ist wie die zarte Morgenröte!«

»O Pitje, mein Pitje, du bist verloren!«, klagt die Mutter.

Der alte Jan Pikus aber kneift die Augen zusammen, und – den Sohn betrachtend – sagt er: »Mag er gehen! Er ist alt genug, seine Dummheiten allein zu machen! Aber«, seine Stimme erhebt sich zu drohender Feierlichkeit, »er betritt mir dann nicht mehr unser Nest und unsern Wald! Mag er mit seinem Mondlichtvogel auf dem Wasser Fische fressen gehen!«

»Das werde ich!«, erklärt Pit Pikus trotzig und klettert schnell die alte Fichte hinab.

Aber schon auf diesem kurzen Weg überfällt ihn plötzlich ein furchtbarer Gedanke: Fische fressen? Wenn es auf dem Wasser keine Käfer gibt? Wenn er verhungerte? – Es gibt für einen Pikus nichts Schlimmeres auf der Welt als die Furcht, verhungern zu müssen. Doch schon ist Pit Pikus unten an der Wurzel der Fichte; und wie er das weiße Gefieder und den rosa Schnabel von Leila sieht, ist der furchtbare Gedanke vergessen.

»Du musst fliehen, Leila! Die Pikusse wollen dich töten!«, erklärt Pit der Freundin.

»Ich wusste es«, sagt Leila, die vor dem Nest sitzt. »Ich habe meine Flügel schon versucht. Ich werde vorsichtig davonflattern. Lebe wohl, Pit Pikus. Ich danke dir!«

»Ich fliege mit dir, Leila!«

»Das ist unmöglich, Pit, was willst du auf dem Meere?«

»Ich werde dich nur ein Stück Weges begleiten, damit du aus dem dunklen Walde herausfindest.«

Die Möwe Leila schaut Pit Pikus mit ihren blauen Augen seltsam an. Dann flattern die beiden zwischen den schwarzen Fichtenstämmen am Boden entlang über die dunkelgrüne Moosfläche; öfter bleibt Pit Pikus zurück und hüpft ein Stück, weil er das lange Fliegen nicht gewohnt ist. Dann setzt sich Leila zu ihm und sagt: »Genug, mein Kleiner! Bleibe in deinem Wald!«

»Nur noch ein kleines Stückchen!«, beharrt Pit Pikus. »Du findest dich hier nicht zurecht!«

Am Abend sind sie am Waldesrand angelangt. Durch die Baumstämme sieht man eine endlose blaugraue Fläche; darüber jagen Wolken mit einem goldenen Saum.

»Was ist das?«, fragt Pit Pikus.

»Das ist das Meer!«, erklärte Leila.

»Wie wunderbar schön!«, jauchzt Pit. »Ich werde mit dir auf dem Meere leben!«

Vergebens widerspricht ihm Leila. Ihr Widerspruch ist nicht sehr stark; denn auch ihr fällt es plötzlich schwer, sich von dem schwarzen Kameraden zu trennen.

»Komm dorthin ins Schilf, und warten wir, bis es Tag wird!«, sagt sie. »Bei Nacht ist es für dich gefährlich auf dem Meer!«

Sie fliegen über feuchte Wiesen, aus denen in dünnen Säulen der silberne Nebel aufsteigt. Jetzt führt Leila. Im Schilf knickt sie mit ihrem starken Schnabel ein Rohr nach dem andern, biegt die Rohre zusammen und füllt in das Nest weiches Gras. »Hier werden wir die Nacht bleiben!«, sagt sie. »Hier ist es ruhig, nur der Wind singt sein Lied.«

Aber wie die Nacht kommt, beginnen die Wellen unheimlich zu rauschen, der Wind saust durch die Schilfrohre, dass sie ächzen und stöhnen wie ein Sterbender; und draußen über dem Meer heult der Sturm, als flögen tausend Rieseneulen zu einem nächtlichen Raubzug aus.

Pit kann nicht schlafen. Die harten Schilfblätter peitschen ihm ins Gesicht, kalte Wasserspritzer fegen ins Nest; das Schlimmste aber – er hat den ganzen Tag nichts gefressen; sein Magen knurrt wie ein böser Hund. Schließlich schlummert er dennoch ein. Plötzlich fährt er empor. Es ist schrecklich kalt und nass. Eine Welle ist über ihn hinweggegangen.

»Mein armer, lieber Pit!«, sagt die Möwe Leila. »Wir wollen an Land, in den Wald! Dort ist es ruhiger!«

»Nein, hier ist es wunderbar!«, behauptet Pit. »Ich liebe die Wellen!« Dabei schauert es ihn bis in die Knochen.

»Komm näher zu mir, mein Kleiner!« Die Möwe legt ihre großen wasserfesten Schwingen um den Kameraden; so ruhen sie bis zum Morgen.

Wie sie erwachen, steht der Himmel in goldenen Flammen. Das Meer leuchtet wie flüssiges Feuer.

»Oh, wie herrlich und schön!«, jubelt Pit begeistert.

»Ja, das ist das Meer!«, sagt Leila. »Ich könnte nie woanders leben. Aber jetzt wollen wir etwas schwimmen und baden, ehe wir die Meinen aufsuchen. Halte dich nahe bei mir!«

Im Nu wirft Leila sich steil in die Höhe und schießt dann wie ein Pfeil wieder hinab ins Wasser. Pit Pikus will es ihr gleichtun; aber er macht einfach einen kleinen Purzelbaum; und als die Wellen über ihm zusammenschlagen, da schluckt er Wasser und immer wieder Wasser; er glaubt, sein letztes Stündlein sei gekommen.

»Was machst du bloß, mein kleiner Pit?«, fragt ihn die Möwe Leila, die ihn mit ihrem Schnabel am Flügel gepackt und an Land gezogen hat.

»Oh, ich habe zu meinem Vergnügen mir bloß ein Späßchen erlaubt«, erwidert Pit Pikus, obwohl er vor lauter Husten und Wasserspeien kaum sprechen kann.

Leila schaut ihn an und fragt: »Badest du denn nicht jeden Morgen, Pit?«

Hätte Pit Pikus nicht solch schwarzes Gefieder gehabt, er wäre bei dieser Gewissensfrage seiner schönen jungen weißen Freundin bestimmt errötet; so aber antwortet er keck: »Natürlich bade ich jeden Morgen! Wie kann ein Vogel leben, ohne zu baden! Reinlichkeit ist doch noch wichtiger als Fressen, nicht wahr?«

»Ist das wirklich so, Pit?«, fragt Leila.

»Natürlich ist das so!«, antwortet Pit Pikus. »Bei uns ist zwar kein Meer, aber ein Bächlein; und wenn es zum Bächlein zu weit ist, dann baden wir morgens die Füße im Tau; und wenn es wenig Tau gibt, dann spucken wir uns gegenseitig auf die Flügelspitzen.«

»Und das nennst du baden, du kleiner Schwindler und Flügelspucker! Pass mal auf, ich werde dir etwas zeigen!« Und Leila zieht Pit Pikus wieder in das Meer, sie schlägt ihm mit ihren großen Flügeln ganze Wasserwellen über den Kopf, dass er denkt, die Welt gehe unter; dann wälzt sie ihn am Strand im weißen Sand, nimmt ihn wieder ins Wasser und wirft ihm die schaumigen Spritzer wieder über den Kopf. »Siehst du, das ist erst der Anfang vom Baden!«, sagt Leila lachend. »Ist das nicht herrlich?«

»Wunderbar! Direkt Konfekt!«, erwidert Pit Pikus, indem er prustet und spuckt und schleunigst aus dem Meer an den Strand springt.

Das aber war erst der Anfang der Prüfungen von Pit Pikus bei dem Volk der Möwen.

Denn wie Leila ihren Freund Pit Pikus dem Volk der Möwen vorstellt, da erhebt sich über den Wellen ein ohrenbetäubendes Geschrei: »Was für einen schwarzen Teufel hat sie da mitgebracht? – Seine Flügel sind ja wie Kohle, die man noch einmal durch den schmutzigen Schlamm gezogen hat! – Und wie erbärmlich er flattert, wie ein alter Vogel! – Man muss ihn töten!«

Das ganze Möwenvolk fährt wie eine weiße, blitzende Wolke auf Pit Pikus herab und droht, ihn auf die schäumenden Wellen niederzudrücken. Doch da fliegt Leila dicht über dem hilflos flatternden Freund, sie deckt ihn mit ihren starken, großen Schwingen. Und sie schreit dem Möwenvolk zu: »Schande über euch, zu Hunderten auf einen kleinen Vogel zu stoßen, bloß weil er schwarze Flügel hat! Als ich verwundet im dunklen Walde lag, hat er mir Moos auf die Wunde gelegt, mich genährt und gerettet! Lass ihn in Frieden, meine Schwestern, oder ich sterbe mit ihm!«

»Aber was will er hier auf dem Meere, da er nicht fliegen noch schwimmen kann?«, fragten Leilas Schwestern.

»Ich werde es ihn lehren!«, entgegnete Leila.

Doch das war schneller gesagt als getan. Während das Möwenvolk sich im wasserstäubenden Seewind zwischen Himmel und Meer wiegt, müht Leila sich vergebens ab, ihrem Freund Pit Pikus zu zeigen, wie man auf den schäumenden Wellen schwimmt, wie man vom Wasser gegen den Wind kerzengrad in die Luft steigt und mit dem Winde über die Wellen segelt. Vergebens! Pit Pikus hat so viel Wasser geschluckt, dass er kaum mehr flattern kann. Wie einen Ertrunkenen muss ihn Leila an den Strand ziehen.

Dort liegt er auf dem Trockenen und speit immerzu ganze Bächlein aus seinem Inneren. Er ist so schwach, dass er nicht einmal zum Schilfnest zu hüpfen vermag.

»Warte, ich hole dir zu essen!«, sagt Leila; sie schwingt sich in die Luft und verschwindet im weißen Möwenschwarm. Bald kommt sie mit einem zappelnden Fisch im Schnabel zurück; sie wirft ihn vor Pit Pikus auf den Sand und meint: »So, mein Kleiner, lass es dir gut schmecken! Du bist ja ganz schwach vor Hunger!«

Pit Pikus hat Hunger wie ein Adler, der vier Wochen gefastet hat. Er versucht den zappelnden, feuchten Fisch zu fassen, doch der rutscht ihm davon; und als Leila ihn mit einem Hieb ihres mächtigen Schnabels getötet und dem Freund das beste Stück gereicht hat, pickt Pit Pikus gierig zu. Wie er aber den Bissen herunterschlucken will, bleibt ihm eine große Gräte im Schlund stecken; er hustet, dass es sich anhört, als belle ein alter Hund, sein Kopf schwillt an wie ein Ballon; er legt seinen Kopf an Leilas Brust und stöhnt traurig: »Ich sterbe, Leila! Trotz dieser verdammten Gräte, es war wunderschön mit dir, Leila, direkt Konfekt!«

Leila ist selbst zu Tode erschrocken; sie fliegt eiligst zur Zauberin Tschitschischka, einer uralten Möwe, die im Schilf neben einer vom Blitz zersplitterten Weide wohnt. Tschitschischkas linke kleine Zehe ist so lang wie ein Enterhaken; sie fährt damit Pit Pikus in den Hals und holt im Nu die Gräte heraus. Als Lohn fordert sie eine der kohlschwarzen Federn aus Pit Pikus' Flügel.

Kaum ist Pit Pikus' Hals wieder frei, so verspürt er einen Riesenhunger. Doch mit dem Fisch will er es nicht ein zweites Mal versuchen, und Käfer gibt es nicht am Strand. Er zieht den Kopf zwischen die Flügel und tut so, als ob er schlafe. Doch sein Magen beginnt ganz laut zu knurren: »Ich schlafe nicht, ich schlafe nicht! Fülle mich doch, fülle mich doch!«

Leila fühlt den Hunger des Freundes wie ihren eigenen. Schnell fliegt sie über den Strand, und bald kehrt sie mit ein paar zarten kleinen Schnecken und Krebsen zurück. »Mein lieber Pit, versuche es noch einmal!«, bittet sie. Und Pit Pikus frisst ihr zuliebe die ungewohnte Nahrung, obwohl sein Magen ihm fast nach oben kommt.

»Gut?«, fragt Leila.

»Direkt Konfekt!«, antwortet Pit Pikus.

Mit dem Sturmfliegen aber und dem Schwimmen auf dem Meer will es einfach nicht gelingen. Leilas Schwestern schreien aus den Lüften Pit Pikus beleidigende und höhnische Worte zu, wie »schwarzer Waldteufel« und »geteerter Bleibolzen«. Pit Pikus bleibt jetzt im Schilf und betrachtet von dort sehnsüchtig und bewundernd Leilas kühne Flüge.

Am Abend kehrt Leila mit der alten Zauberin Tschitschischka zum Nest zurück. Tschitschischka fordert von Pitt Pikus sechs schwarze und von Leila sechs weiße Schwungfedern. Je drei sind der Lohn für ihre geplante Arbeit. Mit diesen drei frischen schwarzen und weißen Federn könne sie ihr Leben verjüngen und ihre frühere Flugkraft wiedererlangen. Die Kiele der andern Federn aber taucht sie in ein Zaubergemisch aus Seeadlerblut, Tintenfischschleim und Meertangsaft und setzt Leilas drei weiße Federn in die Schwinge von Pit Pikus und Pits schwarze Federn in die Schwinge von Leila. »So, du schwarzer Teufel, jetzt versuche es noch einmal!«, sagt sie zu Pit Pikus.

Pit schlägt seine Flügel, und schon erhebt er sich steil gegen den Wind in die Lüfte. Es reißt ihn so schnell zum Himmel empor, dass es ihm schwindelt. Bald aber wiegt er sich da droben so leicht und glücklich, als habe der Sturm ihn geboren. Über ihm – hoch am Rande der Wolken – fliegt Leila. »Wie ist es, mein Kleiner?«, ruft sie ihm zu.

»Wunderbar! Herrlich! Direkt Konfekt!«, antwortet Pit Pikus und stürzt sich wie ein Pfeil auf die Wellen.

Auch Leila schießt hinab, um dem verwegenen Freund zu helfen; doch schon ist Pit Pikus wieder zu den Wolken hinaufgestoßen.

»Jetzt sollen meine Brüder und Schwestern dich bewundern! Jetzt kannst du bei uns bleiben!«, sagt Leila zu dem Freund.

»Das werde ich!«, erwidert Pit Pikus.

Sie fliegen zu dem Möwenvolk.

»Was ist das?«, schreien die Möwen. »Der schwarze Teufel fliegt wie wir! Er will uns betrügen, als sei er eine Möwe, als gehöre er zu uns! Er ist ein Teufel, ein Betrüger!«

Und noch wilder als das erste Mal stoßen die Möwen auf Pit Pikus hinab, ihn zu töten.

»Seht doch, wie er fliegen kann!«, schreit Leila, die sich zwischen die Möwen und ihren Freund wirft.

»Ah, du bist auch so ein halber Teufel!«, kreischen die Schwestern. »Deine Federn werden schon schwarz vor Schande! Du hast das Möwenvolk geschändet! Auch du gehörst nicht zu uns!«

Nur mit Mühe können Leila und Pit Pikus sich vor dem wütenden Möwenvolk retten, indem sie von dem Meer über die Wiesen zu dem Wald fliegen.

Dort sitzen sie am Waldesrand, atemlos. Ihr Gefieder ist blutbefleckt von den Wunden, welche die Schnabelhiebe des Möwenvolkes ihnen beigebracht haben.

»Was haben wir bloß getan, dass sie uns blutig schlugen und töten wollten?«, fragt Pit Pikus.

»Ja, was haben wir getan?«, flüstert Leila.

Der Nebel rollt vom Meer her wie eine riesige schaumige Welle.

»Wohin fliegen wir morgen? Ich gehöre nicht mehr zum Möwenvolk!«, sagt Leila.

»Und ich gehöre nicht mehr zu den Pikussen!«, sagt Pit.

»Sei nicht traurig, mein kleiner Pit!« Leila schlägt ihre großen, windfesten, weißen Flügel um Pit Pikus.

Ihm ist so weich und warm, als sei er in einem wunderbaren Nest; so schlummert er ein.

Am nächsten Morgen klettert Pit auf eine Fichte am Waldrand und trommelt sich einen Vorrat Käfer für die nächsten Tage heraus, während Leila im Schilf am Wiesenrand schlummert.

In der Dunkelheit aber, wenn die Erde zu schlafen beginnt und das Meer in langen Wellen zur Küste rollt, da wiegen sich über der silbergrauen endlosen Fläche zwei Vögel im kühnen und glücklichen Flug; sie stoßen mit hellem Schrei senkrecht hinauf in den Himmel, als wollten sie die Sterne herunterholen; dann schießen sie auf das mattglänzende Meer und ruhen nebeneinander auf dem breiten Rücken der Wellen. Es ist ein weißer Vogel mit drei schwarzen Federn und ein schwarzer Vogel mit drei weißen Federn – die Wellen brausen ihr ewiges Lied, das Schilf am Ufer erzählt es flüsternd weiter, die kleinen Gräser und Blumen hören es im Traum, und die Sterne schauen mit ihren Strahlenaugen lächelnd hinab, als verstünden auch sie dieses Lied der Wellen, auf deren Rücken die beiden Vögel im silbernen Nebel verschwinden.

Der weite Weg

Und wieder war Sommer. Der Wald stand in vollem Grün. Die Vögel sangen von allen Zweigen. Das Harz der Tannen duftete. Und Pit Pikus, der junge Specht, war von seiner abenteuerlichen Reise vom Meer und den Möwen zu seinem Volk heimgekehrt. Er war nun wieder in seinem alten Wald, bei seinen Eltern, seinen Brüdern, seinen Kameraden.

Und obschon der Vater Jan Pikus mit seinen krallenbewehrten Füßen unermüdlich wie immer den Stamm der alten Kiefer entlanglief und die kleinen Käfer aus der Rinde herausklopfte, obschon die Mutter wie stets allmorgendlich das Nest reinigte und die Brüder im übermütigen Spiel wie früher von Zweig zu Zweig sprangen, so schien dem jungen Pit Pikus doch alles völlig verändert und fremd. Er hatte sich mit der Möwe Leila im Sturmwind über dem grünen Meer gewiegt, über den weißen Wellenkämmen, unter den jagenden, blaugrauen Wolken, er hatte tags sich im heißen, silbernen Sand gebadet und nachts vom flüsternden Schilf in den Schlaf singen lassen. Leila und das Möwenvolk waren seine Freunde gewesen. Und Tschitschischka, die alte Zauberin, hatte ihm anstelle der drei schwarzen Schwungfedern am Rande seiner Flügel mithilfe eines Gemisches aus Seeadlerblut, Tintenfischschleim und Algensaft drei mächtige, weiße Möwenschwungfedern eingesetzt; deshalb konnte Pit

Pikus wie eine Möwe senkrecht in die Lüfte steigen und im Sturzflug zur Erde niedersausen.

Als nun der Vater Jan die weißen Schwungfedern seines Sohnes sah, da fragte er streng: »Was für ein Geschöpf bist du geworden, Pit? Ein richtiger gestreifter Teufel! Wo hast du deine schönen, schwarzen Federn gelassen, so wie deine Mutter dich in Ehren einst ausbrütete?«

Pit Pikus schwieg. Er konnte doch nicht die ganze Geschichte von seiner Liebe zur Möwe Leila und von der Zauberin Tschitschischka erzählen; wer hätte das verstanden? Seine Brüder aber verspotteten ihn: »Man hat ihm seine schönen schwarzen Spechtfedern ausgerissen und dafür alte Hühnerfedern eingesteckt.«

Das war zu viel für Pit Pikus.

»Hühnerfedern?«, rief er zornig. Ihr sollt sehen, wie man mit Hühnerfedern fliegen kann!« Er sprang auf den obersten Ast der Kiefer, spreizte seine Flügel und stieg senkrecht zum hohen Himmel empor, so hoch, dass der grüne Wald unter ihm dalag wie eine kleine grüne Walnuss. Dann wiegte er sich in mächtigen Kreisen in der blauen Luft, schoss plötzlich wie ein Pfeil nach unten und fing den sausenden Sturzflug hart über der Kiefernkrone auf. Er glaubte, dies der Ehre von Leila, deren Schwungfedern er trug, schuldig zu sein.

»Hühnerfedern?«, scherzte er triumphierend. »Direkt Konfekt, was?«

Der alte Jan Pikus und die anderen Spechte hatten mit Bewunderung, Neid und Furcht dem wunderbaren Flug des jungen Pit Pikus zugeschaut. Jetzt aber, als er wieder unter ihnen saß, erklärte der Vater Jan finster: »Das ist Zauberei! Das ist Überheblichkeit! Du willst mehr sein als dein Vater!« Die Mutter Paula aber jammerte: »Er ist wie ein Adler! Er wird uns eines Tages wieder davonfliegen oder seine Nase an der Sonne verbrennen!« Die andern Spechte schrien wild durcheinander: »Er hat in der Fremde sich mit einer Hexe abgegeben! Er will mehr sein als wir! Er will uns verhöhnen und beleidigen!« Und Pits Vetter, der Lahmflügel Effett, sagte, man müsse ihn festhalten und ihm die Sehnen der Flügel durchbeißen; dann werde ihm das Hochfliegen und die Überheblichkeit vergehen!

So geschah es.

Pit Pikus saß nun mit durchgebissenen Sehnen und lahmen Flügeln auf einem Zweig. Als man ihm aber noch die weißen Möwenschwungfedern ausreißen wollte, da wehrte er sich mit seinem Schnabel und seinen Krallen wie ein Teufel. So ließ man ihn, den Krüppel, in Ruhe. Er konnte ja doch nicht mehr fliegen, sondern nur in kurzen Sprüngen hopsen.

Pit war sehr traurig. Er fraß nicht mehr und saß einsam auf einem Ast. Einmal kletterte er jedoch nach unten und hopste eine Strecke weit dorthin; wo der Wald lichter wurde. Er wollte zum Meer. Doch bald hatten die Spechte seine Flucht bemerkt. Sie flogen ihm nach, holten den mühsam Hopsenden ein und zerrten ihn mit ihren Schnäbeln zurück.

Und wieder hockte Pit nachdenklich auf seinem Zweig. Da kam die Urgroßmutter der Familie, die uralte Pampusa, zu ihrem Urenkel und sagte: »Ich kenne deine Gedanken, mein lieber Pit! Ich will dir helfen, dass du wieder zu den Möwen kannst.«

Pit sah sie traurig an.

»Ich habe hier aus grauem Eulenflaum ein Nachthemd für mich hergerichtet«, fuhr die Alte fort; »das macht jeden, der es anzieht, unsichtbar! In ihm könntest du ungesehen von hier fliehen!«

»Wo ist es? Wo ist es? Schnell!«, bat Pit Pikus.

»Einen Augenblick! Jede Gabe ist einer andern wert!«, sagte die Urahne. »Meine Füße sind alt, die Krallen der Zehen abgebrochen; und doch möchte ich in meinem Leben noch einmal die Kiefern auf und ab klettern wie in meiner Jugendzeit und mich drunten im Tau des weichen Mooses baden. Wenn du mir deine Zehen mit den scharfen Krallen gibst, bekommst du dafür mein Eulenflaumhemd, das dich unsichtbar macht!«

Pit Pikus holte einmal tief Luft; dann antwortete er: »Abgemacht, Ahne! Direkt Konfekt! Bring mir das Eulenflaumhemd!«

Pit hopste in dem grauen Eulenflaumhemd, das ihn unsichtbar machte, über den Waldboden. Niemand hatte seine Flucht bemerkt. Er konnte dem Marder und Fuchs direkt an der Nase vorbeihopsen; sie hoben ihre Köpfe, schnupperten, aber sie sahen nichts. Wunderbar war das! Weniger wunderbar allerdings

waren die Schmerzen, die Pit Pikus in seinen ver-
stümmelten, blutenden Füßen verspürte, an denen
die Zehen und die Krallen fehlten. Pit verbiss seine
Schmerzen und humpelte weiter dorthin, wo der
Wald heller wurde.

Am Nachmittag war der Wald zu Ende, und Pit
kam auf eine sumpfige Wiese, die vor einem großen
Teich lag. Er geriet immer tiefer in den Sumpf, er
konnte sich schon nicht mehr bewegen. Soll denn
alles umsonst gewesen sein, um zu Leila und zu den
Möwen zu gelangen?, dachte er. Meine Flügelseh-
nen hat man mir durchbissen, meine Zehen habe
ich verloren; ich habe fast nichts mehr, ich armer
Tropf!

Wie er so nachdachte, stolzierte ein großer, weißer
Vogel mit blutroten Beinen und einem blutroten, langen Schnabel auf ihn zu, es war der Storch Wiesenfürst. »Was tust du hier in meinem Reich, du kleine
schwarze Missgeburt?!«, fragte Wiesenfürst.

Pit Pikus wäre dem großschnauzigen weißen Ge-
stell am liebsten mit seinen ehemaligen Krallen ins
Gesicht gefahren; aber er besann sich rechtzeitig auf
seinen veränderten Zustand; so berichtete er dem
Storch nur von seinem Unglück.

»Und du willst noch immer zum Meer und zu den
Möwen hopsen?«, fragte Wiesenfürst.

»Das will ich!«, antwortete Pit Pikus.

»Wie willst du denn aus dem Sumpf herauskom-
men und über den Teich bis zum fernen Meer gelangen, wenn du nicht fliegen kannst?«

»Das weiß ich nicht; aber ich will es!«, beharrte der Specht.

»Nun gut«, sagte der große Storch und zog sein eines langes, rotes Bein hoch, dass er ganz majestätisch nur noch auf dem andern Bein dastand, »nun gut, ich will dir helfen, ich werde dich aus dem Sumpf hier herausziehen und auf meinem Rücken über den Teich bis zum Meer tragen!«

»Wunderbar! Direkt Konfekt! Du bist mein Retter!«, jubelte Pit. »Schnell, schnell!«

»Langsam, du kleines schwarzes Wesen!«, erwiderte der Storch Wiesenfürst. »Nichts erhält man in der Welt umsonst, außer dem Tod; und der kostet das Leben! Wenn ich dich zu den Möwen bringe, so erwarte ich eine Gegengabe. Ich sehe, du bist so leidenschaftlich, dass du besonders rotes Blut haben musst; ich brauche aber zur Auffrischung meiner blass gewordenen Beine und meines mattroten Schnabels eine beständige, dunkelrote Farbe. Gib mir dein rotes Herz mit seinem Blut, und ich werde dich zu den Möwen bringen.«

»Wie soll ich dann noch leben?«, fragte Pit Pikus erschrocken.

»Keine Sorge!«, sagte der Storch Wiesenfürst, »du wirst weiterleben; ich werde die Adern, durch die das Blut zu dem Herzen fließt, wieder ineinanderpressen. Du wirst dann sogar ruhiger und zufriedener leben als mit deinem Tag und Nacht rastlos klopfenden Herzen.«

Pit Pikus holte tief Luft; und da er zu Leila und den Möwen wollte, sagte er: »Abgemacht! Aber halte auch du dein Wort!«

Der Storch tat sein Werk; er holte mit seinem scharfen, spitzen Schnabel das rote, klopfende Herz aus der Brust des jungen Spechtes und fügte die Adern wieder zusammen. »Ein wunderbares tiefes Rot! Erstklassig für meine Beine und meinen Schnabel!«, bemerkte Wiesenfürst anerkennend. Dann setzte er den kleinen schwarzen Pit Pikus auf seinen weißen Rücken, schwang seine Flügel, und fort ging's über die Wiese, den Teich und die Felder und Wälder bis zum Meer. Hier senkte sich Wiesenfürst nieder zum Strand und ließ Pit Pikus abspringen. »So, du kleine schwarze Missgeburt, nun sieh, wie du deine Möwe findest! Viel Glück!«

Und damit flog er davon.

Pit Pikus schaute um sich. Ja, da war das Meer mit seinen mächtigen, breiten Wellen; da schossen auch schreiend ganze Scharen weißer Möwen über die Schaumkronen einher, da stand auch hohes grüngelbes Schilf am Strande; aber mit Schrecken sah Pit Pikus, dass es nicht die Stelle des Meeres war, wo Leila und ihr Möwenvolk lebte. Er versuchte einer Möwe zuzurufen; doch der Wind und die Brandung übertönten seine Stimme.

Müde und traurig hopste er zu dem Schilf; und auch das Schilf wusste nichts von der Möwe Leila. »Warte ein bisschen, bis die Sonne tiefer steht und ihre goldene Straße über das Meer zum Strande wirft!«, flüsterte ein Schilfstängel. »Die Sonne kommt weit herum, sie sieht alles, sie kann dir sagen, wo Leila ist!«

Als am Abend der goldene Ball der Sonne tief über dem Meeresstrande stand und die Sonnenstrahlen über das Wasser bis zum Ufer liefen, da fragte Pit Pikus einen goldenen Sonnenstrahl: »Kennst du die Möwe Leila? Hast du sie vielleicht gesehen?«

»Ich werde die Sonne selbst fragen!«, antwortete der Sonnenstrahl. »Sie weiß alles!«

Bald erschien die Sonne ganz tief und nahe bei Pit Pikus; sie sprach: »Gewiss kenne ich Leila und ihr Volk; aber wenn sie sie jetzt so spät noch suchen soll, musst du mir etwas geben, was mich die Nacht über wärmt!«

»Was soll ich dir geben, große Sonne?«, fragte Pit Pikus. »Meine Flügel sind keine Flügel mehr. Die Zehen und Krallen meiner Füße habe ich schon weggegeben und auch mein Herz, bloß um bis hierher zu kommen; was habe ich denn noch?«

»Du hast in deinem Kopf noch zwei schwarze Diamanten«, erwiderte die Sonne, »sie sind schwärzer als die schwärzeste Kohle und strahlen ein so starkes Feuer, dass sie meine Glut, die ich während des Tages an die Erde verlor, erneuern und mich selbst über Nacht erwärmen können. Gib mir deine Augen, und ich werde Leila suchen!«

Pit Pikus sagte: »Ich habe alles weggegeben, bloß um Leila wiederzusehen, wie soll ich sie aber ohne Augen sehen?«

»Du wirst sie spüren«, entgegnete die Sonne. »Ich brauche deine Augen!«

Pit Pikus atmete tief auf; dann sprach er: »Nimm meine Augen!«

Die Sonne rückte näher, sie beugte sich über Pit, den kleinen schwarzen Specht, und befahl: »Zuerst schließe das rechte Auge und schaue mich mit dem linken fest an, bis du nichts mehr spürst und siehst!«

Pit tat so. »Au! Wie das brennt!«, schrie er auf. »Mein Auge brennt wie Feuer!«

»Das muss es! Ich brenne es heraus!«, sagte die Sonne. »Schon ist's geschehen. Ah, welch herrlicher, schwarzer Diamant! Und jetzt das andre Auge!«

Pit Pikus öffnete das andre Auge. Aber die Sonne war zurückgewichen. Sie fragte den jungen Specht: »Hast du alles auch wohl bedacht?«

»Ja!«, antwortete Pit.

Da sprach die Sonne – und ein schwerer goldner Tropfen hing an ihrem Rande wie eine Träne –: »Du bist ein kleiner tapfrer Kerl!«, sprach sie. »Ich will dir doch das eine Auge lassen! Warte eine Weile!«

Und die Sonne verschwand hinter einer tiefen Wolke. Das Meer brauste leise. Die dunkelgrünen Wellen rollten schwer zum Strande. Die Möwen flogen tiefer und tiefer und verzogen sich ins Schilf.

Es wird Nacht!, dachte Pit Pikus. Morgen hat die Sonne ihr Versprechen längst vergessen!

Plötzlich aber ertönte ein jubelnder, wilder Möwenschrei, er klang wie: »Pitje, mein Pitje!«

Leila schoss aus der Höhe zu Pit Pikus, ihrem Freund, hernieder; sie nahm ihn in ihre großen weißen Flügel, während die Sonne lächelnd noch einmal aus der tiefen Wolke hervorschaute und dann im dunklen Meer verschwand.

Der stotternde Kuckuck

Zweifellos ist der Kuckuck ein besonderer Geselle im Wald. Er legt seine Eier in fremde Nester und lässt sie dort von anderen Vögel ausbrüten. Der junge Kuckuck plustert sich alsbald derart auf, dass er das ganze Nest ausfüllt und seine Stiefgeschwister einfach über Bord wirft. Sosehr auch andere Jungvögel, etwa die Raben und Krähen, einen gesegneten Appetit haben, die Gefräßigkeit des Kuckucks ist geradezu gewaltig.

Das Besondere dieses aschgrauen Gesellen mit den hochgelben Augen liegt aber in seinem Lockruf im Frühling. Denn wer es unternimmt, beim ersten Anschlag des Kuckucksrufes mitzuzählen, der kann die Jahre feststellen, die er selbst noch lebt.

So heißt es.

Nun ertönte an einem Frühlingsmorgen durch das Blätter- und Zweigedickicht des Waldes »Grünenacht« ein recht seltsamer Ruf. Es war nicht das richtige »Kuckuck« – oder »Wuggu«, wie manche es hören –, sondern ein sich förmlich überschlagendes »Kuckuckuck«, laut und schnell wie ein Mühlengeklapper … dieses »Kuckuckuck«.

Was mochte das bedeuten?

Der ganze Wald geriet in große Erregung. Die Vögel erhoben sich von den Ästen und suchten beieinander Rat. Als erste traten die Spechte zu einer Sitzung zusammen. Der alte Jan Pikus, eingedenk der ungewöhnlichen Freundschaft seines Sohnes Pit mit der Möwe Leila, erklärte rundheraus, es handle sich hier um die misslungene Kreuzung eines echten Kuckucks mit irgendeinem trillernden Feldvogel, um eine Art Missgeburt, die den guten Kuckucksruf verunstalte und in Verruf bringe. Der Specht Blaukopf, der aus einem anderen Bezirk zugewandert war und sich grundsätzlich klüger dünkte, meinte jedoch: »Freunde, die Frage steht total anders! Hat einer von uns den Rufer je gesehen? Niemand hat ihn bisher gesehen! Also handelt es sich hier überhaupt nicht um einen Vogel, sondern um ein unsichtbares Wesen, um ein Gespenst, vielleicht bloß um das Echo des Windes aus einem hohlen Baum. Man darf also die Frage nicht so einfach stellen!«

Viele Spechte waren sehr beeindruckt von diesen weisen Worten und zollten ihnen lebhaften Beifall, indem sie mit ihren Schnäbeln gegen die Äste klopften, auf denen sie saßen. Doch jetzt hüpfte »Einauge«, der älteste der Spechte, der im Kampf mit einer Krähe sein linkes Auge verloren hatte, erregt in die Mitte der Versammlung. »Falsch!«, rief der alte Einauge. »Man will hier aus einem deutlichen Kuckuck ein unbeweisbares Gespenst machen! Freunde, das ist ganz schlecht! Wozu die Käfer auf dem Monde suchen, wo sie doch gleich unter der Rinde sitzen? Der Vogel ist ein Kuckuck, so wahr ich der Einauge bin; bloß hat er einen Zungenfehler. Er stottert!«

Hier entstand zunächst ein Schweigen. Die Spechte waren verblüfft über diese kühne Behauptung. Noch nie hatte jemals ein Vogel einen Kuckuck »stottern« hören. Schließlich reckte sich der stets zweifelnde »Schiefkopf« – dem beim zu heftigen Hämmern gegen einen Eichenast ein Halsmuskel gerissen war, sodass sein Kopf nun schief stand – spöttisch hoch und fragte: »Woher weißt du, Einauge, dass er … stottert? Und was soll das bedeuten?«

»Was das bedeuten soll?«, wiederholte Einauge, indem er die erste Frage großzügig überhörte. »Was das bedeutet?«, meinte der alte Specht noch einmal, um Zeit für eine Antwort zu gewinnen. »Ihr wisst, der Kuckucksruf hat für alle Lebewesen eine besondere Bedeutung. Wenn dieser Vogel im Frühling zu schreien beginnt, dann kann ein jeder, der mitzuzählen wagt, an den Rufen die Zahl seiner Lebensjahre feststellen. Bei uns dauert solch eine Spanne vom Frühjahr bis zum Herbst, beim Menschen vom Frühjahr zum Frühjahr; ist das klar?«, wandte Einauge sich triumphierend an die Versammlung.

»Aber wenn er stottert?«, fragte der Schiefkopf beharrlich.

»Wenn er stottert? Nun denke einmal selbst nach, mein Teurer, auch wenn dein Köpfchen dir etwas zur Seite verrutscht ist!«, wies ihn Einauge zurecht. »Statt des ›Kuckuck‹ haben wir jetzt ein ›Kuckuckuck‹; das heißt: Jeder, der rechtzeitig mitzählt, hat bei diesem Kuckucksruf eine um ein Drittel verlängerte Lebenszeit! Ist das nicht großartig?«

»Großartig! Wunderbar!«, klopften die Spechte dem Alten Beifall. »Passen wir auf! Zählen wir! Und wir werden unser Leben verlängern!«

»Oder verkürzen!«, warf der zweifelnde Schiefkopf ein.

»Verkürzen? Wieso? Natürlich der Schiefkopf! Er sieht alles schief! Er gönnt uns die Freude nicht!«

Schiefkopf legte sein Köpfchen noch schräger auf seinen rechten Flügel; und nun sah er wirklich sehr nachdenklich und gelehrt aus. »Es geht nicht um Freude oder Missgunst«, sagte er. »Es geht um die Richtigkeit und den Verstand. Denn – schaut her – nehmt ihr einen kleinen Ast und teilt ihn durch drei, ist dann nicht jeder Teil kürzer, als wenn ihr ihn bloß durch zwei teilt? Genauso ist's beim zweimaligen und dreimaligen Kuckucksruf. Der stotternde Kuckuck mit seinem ›Kuckuckuck‹ verlängert nicht, sondern er verkürzt euer Leben.«

Nun entstand ein furchtbarer Tumult bei den Spechten. Die einen hielten zum alten Einauge, dem Lebensverlängerer, die anderen nannten den stotternden Kuckuck einen Lebensverkürzer. Trotz stundenlangen wilden Lärmens und Klopfens mit den Schnäbeln kam man zu keiner Einigung. Der Ast der mächtigen Kiefer, auf dem die Spechte saßen, war von den scharfen Schnäbeln der Vögel von seiner Rinde entblößt wie ein vom Zimmermann glattgehobelter Balken, als die Spechte in zwei Schwärmen sich trennten.

Der ganze Wald hatte sich in zwei Lager gespalten, da auch die andern Vögel an dem Streit teilnahmen und nunmehr eifrig die Rufe des stotternden Kuckucks zählten. Die, welche ein schönes Leben im bloßen Glauben an Einauges Prophezeiung genießen wollten – und das war die Mehrzahl –, zählten den Kuckucksruf als Lebensverlängerung. Die anderen hielten sich an Schiefkopfs Zweifel und stellten in des stotternden Kuckucks Ruf die Verkürzung des Lebens fest. So kam es, dass die beiden Vogelgruppen ganz verschieden jetzt ihr Leben einrichteten.

Also schlossen sich dem Propheten Einauge und dem größten Teil der gläubigen Buntspechte auch die flinken Buchfinken mit ihrem »Pinkepink«-Getriller an. Die kleinen, am Mantel und der Schulter gelbgrün gestreiften Zeisige gesellten sich dazu und streiften wohlgemuter denn je mit ihren Locktönen »Tetterettet« und »Didlididlidei« durch den Nadelwald, während auf der angrenzenden Buchhöhe die Stieglitze – bunt wie fliegende Ostereier – den stotternden Kuckuck noch zu übertrumpfen suchten und ihrem »Stiglitti« ein lachendes »Pickelnickelleia« hinzufügten.

Alle lebten so in dulci jubilo, sangen, lockten, schnäbelten und kümmerten sich nicht mehr um den Ausbau ihrer Nester. Das Weibchen des Bluthänflings Dodo mit seinem prächtigen karminroten Scheitel hatte auf dem Waldgrund den alten zerschlissenen Hut eines Landstreichers gefunden; darin legte es jetzt leichtsinnig seine Eier und brütete sie aus, da ihm das Nestbauen zu mühselig erschien.

Als nun der Marder Mintin in der frühen Morgenstunde ein seltsames hungriges Gezwitscher direkt am Boden hörte, erstaunte er nicht wenig. Ein Sprung genügte, und in jeder Tatze hielt er einen der »langlebigen« Bunthänflinge, die gar nicht mehr dazu kamen, dem Marder klarzumachen, dass ihr Leben nach dem Ruf des stotternden Kuckucks eigentlich doppelt so lang währen müsse wie bisher.

Sogar die Tiere, die immer am Boden lebten, waren in den Wirbel mit hineingezogen. Der alte Hamster Füllsack, der sonst nach seinem Winterschlaf gleich im Frühling alles in seinem Bau zu sammeln begann, aus Sorge, Hungers zu sterben, auch dieser alte erfahrene Bursche wurde jetzt sorglos und ließ Gott den guten Mann sein. Er lag in der Sonne und ließ sich morgens den rostbraunen Rücken und nachmittags den schwarzen Bauch leicht anrösten. Ja, er holte sogar aus den streng gehüteten Vorratskammern seines Baus alte Erbsen, Bohnen und größere Getreidekörner hervor, warf sie in die Luft und fing sie nicht in seinen breiten Backentaschen auf, wie sich's gehörte, sondern jonglierte mit ihnen auf seiner Nasenspitze. Dies tat er vor allem deshalb, weil zwei junge Hamsterweibchen ihm zuschauten. Diese lobten den alten Narren und fraßen die Körner und Erbsen, die ihm von der Nase rollten, schnurstracks weg. So waren die Vorräte des Hamsterbaus bald verzehrt. Wenn dem alten Füllsack einmal Zweifel kamen, dann horchte er in den Wald, wo der stotternde Kuckuck schrie. Und er ließ weiter die Körner und Erbsen zur Freude der jungen Hamsterweibchen auf seiner Nasenspitze tanzen; hierbei hopste er derart auf seinem Bau herum, dass der Eingang mehr und mehr verschüttet wurde.

Am Rande des Waldes »Grünenacht«, dort wo er an die Schilfwiesen und an das Meer grenzt, wohnten der Specht Pit Pikus und die Möwe Leila, von denen wir früher bereits erzählt haben. Sie hatten zwei junge Pikusse, oder wenn man will: Möwenkinder. Das war gar nicht so wunderbar, wenn man bedenkt, dass Pit Pikus von der Zauberin Tschitschischka drei weiße Schwungfedern der Möwe erhalten hatte und Leila umgekehrt drei schwarze Federn des Spechtes.

Die beiden Kinder von Pit und Leila hießen Pittje und Littje. Sie trugen in sich schon die Fähigkeiten ihrer Eltern: die höchsten Kiefernstämme hinaufzuklettern, aber auch im Sturmwind zu segeln und auf der See zu schwimmen. Das heißt, sie mussten diese Fähigkeiten erst entwickeln, so wie jeder junge Vogel das Fliegen und jedes kleine Reh die Anwendung seiner vier viel zu hohen Stelzbeine erst lernen muss: Sonst fällt es – was anfangs oft geschieht – einfach auf die Nase. Alles im Leben will eben erprobt und gelernt sein.

Pit Pikus und Leila gaben sich nun große Mühe, ihren beiden Kindern das Klettern, das Segeln im Wind und das Schwimmen beizubringen. Auch sie hatten den seltsamen, verführerischen Ruf des stotternden Kuckucks vernommen. Doch sie sagten sich: Mag dieses »Kuckuckuck« dreimal so lang an Zeit oder nur ein Drittel der Zeit bedeuten – gelernt ist gelernt! Wir wollen für Littje und Pittje keine Zeit verlieren. Wenn sie recht bald fliegen lernen, so ist das nicht schlecht; wenn sie fliegen und klettern können, umso besser; und verstehen sie auch noch zu schwimmen, so wird das Bestimmt nichts schaden.

Littje und Pittje aber sahen, wie die anderen jungen Spechte an den Stämmen herunterrutschten und purzelten, ohne dass die Alten sich viel darum kümmerten. »Es ist ja noch so viel Zeit!«, meinten die alten Spechte. »Wir leben doppelt so lange wie bisher; man braucht doch nur den Kuckucksruf zu zählen.«

Littje und Pittje sahen das lustige Spiel der jungen Spechte und das Auf-der-Nase-Jonglieren des Hamsters Füllsack. Das gefiel ihnen sehr. Littje liebte es gar nicht, zu klettern und sich die kleinen Krallen zu beschädigen. Pittje aber behauptete, dass das Wasser entschieden zu nass sei und man darin nicht schwimmen lernen könne. Sie sagten zu ihren Eltern: »Es hat noch Zeit damit! Die anderen Spechte treiben ja auch ihre Späßchen und quälen sich nicht mit so schwierigen Dingen.«

Doch dann erzählte ihnen Mutter Leila ihre Geschichte, wie Pit Pikus sie gerettet hatte und mit ihr ans Meer geflogen war, wie Pit zuerst den Atem verlor und im Wasser fast ertrank, bis er nach vieler Mühe im wildesten Sturm fliegen und auf den schäumenden Sturzwellen schwimmen konnte. »Weiter! Weiter!«, baten Littje und Pittje. Sie wollten immer mehr hören und wissen. Sie wollten es auch selbst probieren und hinter dem Vater nicht zurückstehen. Sie konnten den Morgen nicht erwarten, bis die Mutter Leila sie mit aufs Meer nahm.

Zwar plumpsten sie ein paarmal wie kleine Säcke auf die Wellen und schluckten gehörig Wasser. Doch bald machte es ihnen gewaltigen Spaß, den Wind unter den Flügeln zu fangen und am hohen Himmel in voller Fahrt zu segeln. Auch lernten sie von Pit Pikus, an den höchsten Ästen der alten Kiefern sich festzukrallen, ohne dass die Zehen schmerzten.

So kam der Sommer.

Der stotternde Kuckuck hatte längst aufgehört zu schreien. Aber die anderen Vögel lebten ihr vergnügliches Dasein, als müsse das tausend Jahre so weitergehen.

Es war an einem heißen, schwülen Sommertag, da zogen dicke Wolken am Himmel herauf. Es wurde plötzlich unheimlich still im Wald und auf dem Meer. Wie unter einem Druck duckten sich die Vögel unter den Zweigen. Auch der alte Hamster Füllsack suchte mit den beiden Weibchen einen Unterschlupf. Aber sein Bau war ganz verschüttet; er konnte den Eingang nicht mehr finden.

Schon begann es irgendwo seltsam zu sausen. Im Nu war der Himmel schwarz wie bei Nacht. Jetzt brüllte der Sturm. Die Bäume schlugen mit ihren Ästen wild um sich, als müssten sie das Wetter abwehren. Die stärksten Kiefern krachten in ihren Kronen. Überall fegte splitterndes Holz und Gezweig durch die kochende Luft. Hagel prasselte aus großer Höhe in eisigen Körnern nieder und zersprang funkelnd unterwegs in dem heißen Dunst.

Die älteren Vögel vermochten sich in die Luft zu schwingen und über dem Wirbel zu halten. Die jungen Vögel aber, die nicht so fliegen konnten, wurden von dem krachenden Geäst getroffen. Es war, als sei die Hölle los.

Pit Pikus und Leila hatten, als sie den Sturm herannahen hörten, sich mit Littje und Pittje in die Luft erhoben und der See zugewandt. Auch dort raste der Sturm. Aber sie breiteten ihre Schwingen aus. Und zwischen den Blitzen und Regenböen fingen sie den Wind unter ihren Flügeln und segelten furchtlos in großer Höhe dahin. Wohl wurden Littje und Pittje einige Male von Hagelschauern aufs Wasser niedergedrückt; doch sie verloren nicht den Kopf, sondern schwammen auf den weiß schäumenden Wellenkämmen, so wie sie es in den letzten Wochen geübt hatten.

Einmal riss eine Böe die kleinere Littje ans Land. Sie schwang sich gleich wieder in die Luft empor und landete auf der Krone einer hohen, allein stehenden Kiefer. Wie gut, dass sie ihre Krallen durch das Klettern, das sie anfangs gar nicht liebte, gestählt hatte! Sie hielt sich an der wild hin und her schaukelnden Krone so lange fest, bis der Wind wieder seewärts drehte und sie erneut zum offenen Meer hintrug.

Das ganze furchtbare Unwetter dauerte etwa eine halbe Stunde. Was war bloß in dieser kurzen Zeit alles geschehen! Als die schwarze Wolkenwand sich verzogen hatte und schon die Sonne vom Himmel schien, da flogen Pit Pikus und die Möwe Leila mit ihren Jungen an Land, um den Wald zu besichtigen. Doch der Wald war nicht mehr der Wald. Wie ein gemähtes Kornfeld, so lagen die Stämme am Boden. Zwischen ihnen sah man wie zerstreute Körner zu Hunderten die kleinen erschlagenen Vögel.

Auch viele größere hatte es gepackt.

Der alte Hamster Füllsack war in eine Bodensenke geschwemmt worden und wühlte sich gerade aus der versumpften Erde hervor wie ein dicker Aal; sein sonst so schönes braunrotes Fell triefte vom schwarzen Schlamm. Er fauchte und schimpfte auf den stotternden Kuckuck, der ihn betrogen habe und an allem schuld sei. Sonst hätte er nie und nimmer mit den Getreidekörnern und Erbsen jongliert und den Eingang zu seinem Bau verfallen lassen.

Auf einer umgestürzten, zerschmetterten Kiefer aber saßen völlig durchnässt zwei Spechte: der alte Einauge und der kluge Schiefkopf. Sie stritten darüber, ob das Leben infolge des stotternden Kuckucks dreimal länger oder ein Drittel kürzer sei.

Die Biene Cilia und der kleine Franz

Es war ein heißer Vorsommertag. Die Linden standen in voller Blüte. Zu Zehntausenden hingen die winzigen gelbgrünen Glöckchen, welche die Kinder »Bimberlischen« nannten, im Blätterdach über der stillen Parkstraße. Zudem war es ein Samstagnachmittag. Die Straße war deshalb noch stiller als sonst. Sie gähnte förmlich vor Schläfrigkeit.

Das Haus Nr. 7, das der Kohlenhändler Koritke bewohnt, hatte die Jalousien herabgelassen. Denn Koritke und seine Familie befanden sich in ihrem Wochenendhaus am Schwanensee. Das Haus Nr. 7 mit seinen abgedunkelten Zimmern hatte die Augen geschlossen und schlief. Auch der Hausmeister war nicht auf seinem Posten in der Portierloge; er hatte die Tür ins Schnappschloss geworfen und war zum Angeln gegangen.

In der verschlafenen Stille der Straße hörte man plötzlich einen Ton. Nein, es waren viele winzige dunkle Töne, ein vielstimmiges Brausen, das von irgendwo aus der Höhe nach unten drang. Zuerst vernahm es die Milchhändlerin Schmandt, die gerade ihre Blechkannen zum Trocknen in die Sonne stellte. Sie schaute zum Himmel, ohne droben etwas zu entdecken. Doch jetzt kamen mehrere Leute, die alle nach oben blinzelten, bis der kleine zehnjährige Franz – der Sohn der Schusterwitwe Nagel – zum Balkon des Hauses Nr. 7 zeigte und ausrief: »Da sind sie!«

Tatsächlich, da hingen sie, Tausende Bienen, ein ganzer Schwarm wie ein riesiger dicker Zapfen am äußersten Rande des Balkons des Kohlenhändlers. Sosehr auch der Schwarm zusammengeballt war, er schien immer noch in Bewegung. Dauernd fielen Bienen herab auf den Bürgersteig, wo die Menschen sie schnell zertraten; oder sie fingen sich im Fall in der Luft und flogen in die Zimmer der Nachbarhäuser.

»Mein Gott, sie kommen mir in die Milch!«, schimpfte Frau Schmandt. »Und wenn so 'ne Biene einem Kind in den Mund gerät und sticht und das Kleine erstickt daran, wer ist es dann gewesen? Die Milchfrau!«, schrie sie. »Das Zeug muss sofort herunter! Wo ist der Hausmeister?«

Aber der Hausmeister war bekanntlich zum Angeln gegangen. Und die Wohnung des Kohlenhändlers war abgeschlossen.

»Man muss die Polizei benachrichtigen!«, rief jemand.

»Unsinn!«, erklärte ein anderer. »Man muss es dem Bienenzüchterverein melden!«

»Richtig; aber wie soll der in die verschlossene Wohnung eindringen? Das wäre Hausfriedensbruch!«

Dieses furchtbare Wort erledigte vorerst jeden weiteren Vorschlag. Denn von außen, ohne Betreten der Wohnung an den frei am Balkon der zweiten Etage hängenden Bienenschwarm zu gelangen, das war ein Ding der Unmöglichkeit.

Da sagte einer: »Die Feuerwehr!«

»Jawohl, die Feuerwehr!«, stimmten alle wie erlöst ein. »Die muss heran!«

Man eilte also zur Hauptwache der Feuerwehr. Der diensttuende Brandmeister ließ sich den Fall genau erklären. Dann sagte er: Gewiss, sie hätten in der letzten Woche schon zweiundzwanzig Bienenschwärme von Telefonmasten, Dachrinnen, Kirchtürmen und anderen unzugänglichen Örtlichkeiten heruntergeholt; aber für einen einfachen Balkon seien sie laut Dienstanweisung nicht zuständig, weil dieser Ort eben zugänglich sei.

Der Mann, der soeben vor dem Hausfriedensbruch gewarnt hatte, wies jetzt mit großem Ernst darauf hin, dass die Wohnung, zu der jener Balkon gehöre, abgeschlossen und der Mieter verreist sei. Wie aber solle man ohne Feuerleiter zu dem Schwarm gelangen? Etwa durch einen Einbruch, das heißt vermittels einer strafbaren Handlung?

»Das soll man nicht!«, erklärte der Brandmeister der Feuerwehr. »In solchem Fall ist die Polizei am Platze!«

Man ging also zum nächsten Polizeirevier. Der Reviervorsteher wies zuerst einmal die Menge aus dem Lokal, da dies »Zusammenrottung« bedeute. Nur die Anliegerin zu Haus Nr. 7, Frau Milchhändlerin Schmandt, und der gelehrte Sprecher durften bleiben. Nachdem der Reviervorsteher sich den Fall angehört hatte, erklärte er: Laut Dienstvorschrift könne er einen Privatraum nur dann gewaltsam öffnen, falls der Verdacht eines drohenden oder bereits begangenen Verbrechens vorliege. Ob man also Hilferufe vernommen habe oder ein Leichengeruch aus dem Balkonzimmer dringe?

»Das gerade nicht«, erklärte der gelehrte Sprecher.

»Aber es droht die Gefahr von den in die Milch fallenden Bienen, Gefahr für die Kinder, die am Bienenstich im Hals ersticken!«, wandte Frau Schmandt erregt ein.

»Wird notiert«, meinte der Reviervorsteher und schrieb dies mit den Personalien der Milchhändlerin in ein dickes Buch.

Der Bienenschwarz hing noch immer am Balkon Koritkes. Die Milchfrau, die zurückgekommen war, schimpfte: Wenn niemand ihr helfe, werde sie morgen früh mit dem kalten Wasserstrahl ihres Gartenschlauches die Bienen herunterspritzen und vernichten.

Inzwischen war es Abend geworden. Mit der untergehenden Sonne nahm die Kühle zu. Immer mehr Bienen fielen von dem großen dumpf summenden Zapfen zu Boden. Die Menschen zertraten sie, als seien die Tierchen ihre Feinde. Der kleine Franz dagegen hatte sich eine Schachtel geholt, Luftlöcher hineingemacht und die heruntergefallenen Bienen darin gesammelt. Er wusste eigentlich nicht recht, was er mit ihnen anfangen sollte; aber die Tierchen taten ihm leid, und morgen würde sich schon Rat finden.

So nahm er die Schachtel mit in die kleine Kellerwohnung, in der seine Mutter hauste. Die Mutter war nach dem Tode des Vaters immer krank. Sie litt an einem dauernden Husten. Sie hielt mit einem alten Gesellen nur mühsam die kleine Flickschusterei in Gang. Auch der zehnjährige Franz verstand es schon, mit dem scharfen Schustermesser, mit Hammer und Ahle umzugehen. Lieber aber spielte er vor dem Haus im Laubengelände, auf den Schutthalden dort am Rande der Stadt.

Als er nun so spät heimkam und die Mutter die durchlöcherte Schachtel sah, fragte sie ärgerlich: »Wo hast du dich wieder herumgetrieben? Was ist da drin?«

»Bienen! Richtige Bienen! Hör nur!« Und er hielt die leise summende Schachtel an das Ohr der Mutter.

Die seufzte: »Nichts als Dummheiten! Was willst du bloß mit den Bienen?«

»Hörst du nicht, was sie sagen?«, meinte der kleine Franz erregt. »Hör doch, sie wollen ihre Königin und ihre Kameraden hierher holen! Hier bei uns wären sie doch sicher; nicht wahr, Mutter?«

Die Mutter schüttelte ihren Kopf und hustete. »Geh ins Bett, Kind!«, sagte sie.

Franz hatte sich neben der Mutter ins Bett gelegt, dort wo vor Jahren seines Vaters Platz gewesen. Aber mitten in der Nacht wachte er auf. Er hörte ein leises Klopfen. Es kam aus der Schachtel. Der kleine Franz stieg lautlos aus dem Bett und hielt sein Ohr an den Deckel der Schachtel.

Jetzt vernahm er ein Stimmchen: »Hörst du mich denn nicht, Franz?«, sagte das Stimmchen. »Ich stoße mir den Kopf schon wund. Ich bin die Biene Cilia.

Wie lange willst du uns denn noch in dem dunklen Gefängnis halten? Wir müssen zu unserem Schwarm!«

»Was willst du da?«, fragte der kleine Franz.

»Wir müssen unsere Schwestern warnen. Hast du nicht gehört, wie die Milchfrau drohte, sie wolle alle Bienen mit dem kalten Wasserstrahl vernichten?«

»Aber die Feuerwehr oder die Polizei wird doch kommen und euch zu dem früheren Besitzer zurückbringen?«

»Das eine ist so schrecklich wie das andere«, klagte die Biene Cilia. »Kaltes Wasser ist unser Tod; und unser früherer Besitzer, der Großbauer Ziegenhals, der fünfzig Stöcke im Garten stehen hat, ist ebenfalls unser Tod; er nahm uns im Herbst allen Honig weg und gab uns stattdessen wenig schlechten Zucker, sodass viele von uns im Winter verhungerten. Deshalb flogen wir mit unserer jungen Königin von dem Geizhals weg. Keinesfalls wollten wir zu ihm zurück.«

»Und wenn du die anderen jetzt hierher holst?«

»Dazu müsste ich mich erst einmal umsehen, ob es bei dir gemütlich ist und ob wir unseren Bienenstock bei dir bauen können. Also lass mich heraus!«

»Aber flieg mir nicht fort!«, bat der kleine Franz. Er öffnete vorsichtig die Schachtel.

Da stand eine zierliche Biene vor den anderen zwanzig Gefangenen, die leise summten. »Ich heiße Cilia«, sagte die kleine Biene. »Darf ich wohl ein bisschen Umschau halten?«

»Aber bitte sehr!«, erwiderte der kleine Franz.

Cilia flog leise summend in der halbdunklen Kammer umher; dann folgte sie der Spur des Mondlichtes zum Fenster und roch nach draußen. »Oh«, meinte sie, »nicht schlecht! Das schmeckt nach Lindenblüten; dazu steht draußen noch irgendwo Klee und Lupine; hier könnte man leben!«

Auch vier andere Bienen waren auf das Fensterbrett geflogen, sahen sich um, nahmen Witterung nach draußen und summten: »Feine Gerüche! Blütenhonig! Es fehlt bloß ein alter Korb, und wir könnten hier bauen!«

Die Biene Cilia aber war auf das Ohr des kleinen Franz geflogen und wisperte ihm zu:» Wenn du Mut hättest … zum Balkon hinaufzuklettern … jetzt in der Nacht …«

»Fein!«, sagte Franz begeistert. »Lass uns gehen!«

So geschah es.

Die einundzwanzig Bienen aus der Schachtel flogen vor dem kleinen Franz, der einen alten Korb trug, her, bis sie mitten in der Nacht vor das Haus des Kohlenhändlers Koritke gelangten. Dort hing noch immer am Balkon der Bienenschwarm. Allerdings lagen schon Dutzende Bienen kalt und matt auf der Straße. Franz sammelte sie und legte sie in den Korb. Die einundzwanzig anderen aber waren nach oben geflogen. Plötzlich entstand im Schwarm ein gewaltiges Brummen. Und jetzt kam ein weißer Faden vom Balkon herab; dann fiel ein langes Stück Bindschnur auf die Straße, daran hing Cilia. Sie sagte zum kleinen

Franz: »Warte noch zwei Minuten, hier unten liegt ein Strick.«

Eine ganze brummende Wolke kam nun nach unten; sie halfen Franz, die Schnur fein und fest mit dem Strick zu verknoten und zu verkleben. Jetzt band Franz die Schnur an den dünnen Faden. Diese zogen Tausende Bienen – mit ihren kleinen harten Flügeln mit aller Kraft schlagend, sodass ein richtiger Wind entstand – nach oben zum Balkon. Dort befestigten sie die Schnur. Und jetzt zerrten sie mit der Schnur das eine Ende des Strickes hinauf und knoteten es an einem Pfeiler des Balkons fest.

»Siehst du, jetzt kannst du an dem Strick hinaufklettern und zugleich den Korb hinterherziehen«, sagte die Biene Cilia zum kleinen Franz.

Franz fasste den Strick mit beiden Händen und begann sich an ihm emporzuhangeln. Auf einmal tat es einen Ruck. Der Strick gab nach, und der kleine Franz lag unten auf der Nase … buchstäblich auf der Nase, aus der das Blut hervorschoss.

Die Bienen – voran Cilia – kamen herangeflogen und umfächelten mit ihren Flügeln den Jungen. Cilia aber sprach traurig zu ihm: »Ach, mein Kleiner, wir haben uns doch zu viel zugetraut. Der Knoten oben ist aufgegangen, unsere Kräfte reichten nicht.«

»Doch meine reichen!«, entgegnete Franz, der schon wieder auf den Beinen stand. »Los, noch einmal!«

Die Bienen hielten oben eine Beratung ab. Dann teilten sie dem kleinen Franz mit, sie alle hätten zu ihm hinunterfliegen wollen; doch die Königin schlafe, und man dürfe sie nicht wecken. Ohne ihre Königin aber könne der Schwarm nicht fort.

»Und morgen kommt die Milchfrau mit Gottweißmitwem? Knüpft den Strick noch einmal und haltet alle oben fest!«, befahl der kleine Franz.

Nach einigen Minuten kam Cilia wieder herabgeflogen und sagte: »Fränzchen, der Knoten ist geknüpft, und fünfundzwanzigtausend Bienen halten droben den Strick. Ich werde dich beim Klettern noch mit meinem Kopf von unten stützen.«

»Mit deinem Kopf wirst du mich stützen? Das ist großartig!«, lachte der kleine Franz.

Und dann ging's noch mal los.

Als der Junge die Hälfte der Höhe hinaufgeklettert war und am ersten Stockwerk zwischen Himmel und Erde hing, da plötzlich gab's wieder einen Ruck. Das Hinterteil des kleinen Franz stieß auf das Köpfchen von Cilia; die meinte, das Haus oder der Himmel stürze ein. Aber sosehr ihr Kopf auch brummte, sie stemmte sich noch fester gegen den kleinen Franz ... als es einen zweiten Ruck tat. Der Knoten oben, der dennoch zu locker geknüpft war, zog jetzt erst richtig an. Zudem hatten sich alle fünfundzwanzigtausend Bienen, die das äußerste Knotenende hielten, plötzlich auf den Rücken gelegt.

So gelangte der mutige kleine Franz auf den Balkon, wo nur eine geringe Leibwache von Bienen um die schlafende Königin hing und diese wärmte.

»Fein hast du's gemacht, Fränzchen«, sagte Cilia stolz zu ihrem jungen Freund. Dann wandte sie sich zu den anderen Bienen. »Aber jetzt, flugs, bindet unten den Korb an! Schnell, eh unsere Königin aufwacht!«

Bald war der Korb befestigt. Der kleine Franz zog ihn hinauf. Er nahm aus der Kommode von Frau Koritke ein Seidentuch, schlug es vorsichtig um die Königin und deren Wache und legte diese sanft in den Korb. Dann ließ er den Korb hinab und kletterte selbst am Strick nach unten.

Erst wollte er den ganzen Schwarm auch in den Korb packen. Aber die Bienen sprachen: »Wir folgen dir auch so. Mach zu, ehe es Tag wird!«

So kam der kleine Franz mit seinem Korb, mit der Bienenkönigin und deren Gefolge zu Hause am Rande der Stadt an. Leise schlich er in die Kammer. Leise stellte er auf Cilias Rat den Korb auf eine Kiste mit dem Boden nach oben, schnitt mit dem scharfen Schustermesser ein kleines Loch in das Geflecht und band mit Draht außen ein Brettchen davor.

»So, mein Kleiner«, sagte Cilia, »das hast du fein gemacht, wie ein richtiger Bienenvater! Jetzt haben wir unseren Bienenstock und das Flugloch. Draußen stehen die Linden, die Lupinen und der Klee. Nun sollst du sehen, was wird!«

Als die Sonne aufging und ihre Lichtstrahlen wie Fäden durch das Zimmer zog, rieb sich die Schusterwitwe die Augen. »Was ist denn los?«, fragte sie, da es vom Fenster her schon summte und brummte. »Deine Bienen sind aus der Schachtel geflogen, Franz!«

»Schau einmal genau hin, Mutter!«, entgegnete lustig der kleine Franz.

Da waren die Bienen bereits voll bei der Arbeit. Zu Dutzenden flogen sie aus, Dutzende kamen mit gelben Höschen – dem Blütenstaub, den sie an den Beinchen trugen – schon wieder nach Hause.

»Mein Bienenstock, Mutter!«, erklärte Fränzchen stolz. »Bald haben wir den ersten Honig!«

Aber die Mutter meinte ängstlich: »Und wenn man die Bienen sucht?«

»Es sind *meine* Bienen!«, erwiderte der kleine Franz. »Die Feuerwehr durfte nicht hinauf. Die Milchfrau wollte kaltes Wasser gegen sie spritzen und sie töten. Ich bin auf den Balkon geklettert und habe sie heruntergeholt. Soll ich sie dahin zurückbringen?«

»Mein Gott, nein, bleib!«, sagte die Mutter.

Als am nächsten Morgen der Reviervorsteher der Polizei mit seinem Aktenvermerk in die Parkstraße zur Milchhändlerin kam und beide zum Balkon des Kohlenhändlers hinaufschauten, meinte der Reviervorsteher drohend zur Frau Schmandt: »Wo sind denn Ihre verfluchten Bienen? Haben Sie etwa eine Falschmeldung gemacht?!«

»Ich schwöre ...«, beteuerte die Milchhändlerin.

»Zu schwören haben Sie vorerst überhaupt nichts! Aber das nächste Mal erhalten Sie ein Strafmandat für fälschliche Alarmierung der Polizei! Ich verwarne Sie!«

Damit entfernte sich der Reviervorsteher mit wuchtigen Schritten. Frau Schmandt aber atmete auf, einmal, weil sie dem Strafmandat entronnen, dann auch, weil der Bienenschwarm verschwunden war.

Im Herbst nahm der kleine Franz, der inzwischen das Leben der Bienen beobachtet hatte und ihr Freund geworden war, vorsichtig die ersten Honigwaben aus dem Korb. Er ließ sie aus; es gab fünf große Gläser voll schönsten duftenden Honig. Die Mutter tat jeden Morgen und Abend einen großen Löffel voll in eine Tasse heißen Lindenblütentee. Und bevor es Winter wurde, war ihr Husten völlig verschwunden. Dabei hatte der junge Bienenvater auf Anraten seiner Freundin Cilia die Hälfte des Honigs für die Bienen als Winternahrung im Korb gelassen.

Als nun der Spätherbst mit seinen kalten Winden und ersten Frösten kam, deckte der kleine Franz den Korb mit ausgedroschenem Stroh sorgfältig zu, dass seine Bienen nicht frieren würden. Denn auch die Tiere wollen nicht frieren, ebenso wenig wie der Mensch, und auch die Tiere können Freunde des Menschen sein – wenn der Mensch ein Freund der Tiere ist.

Die Weihnachtsgans Auguste

Der Opernsänger Luitpold Löwenhaupt hatte bereits im November vorsorglich eine fünf Kilo schwere Gans gekauft – eine Weihnachtsgans. Dieser respektable Vogel sollte den Festtisch verschönen. Gewiss, es waren schwere Zeiten. »Aber etwas muss man doch fürs Herze tun!«

Bei diesem Satz, den Löwenhaupt mit seiner tiefen Bassstimme mehrmals vor sich hin sprach, sodass es wie ein Donnerrollen sich anhörte, mit diesem Satz meinte der Sänger im Grunde etwas anderes. Während er mit seinen kräftigen Händen die Gans an sich drückte, verspürte er zugleich den Geruch von Rotkraut und Äpfeln in der Nase. Und immer wieder murmelte sein schwerer Bass den Satz durch den nebligen Novembertag: »Aber etwas muss man doch fürs Herze tun.«

Ein Hausvater, der eigenmächtig etwas für den Haushalt eingekauft hat, verliert, sobald er seiner Wohnung sich nähert, mehr und mehr den Mut. Er ist zu Haus schutzlos den Vorwürfen und dem Hohn seiner Hausgenossen preisgegeben, da er bestimmt unrichtig und zu teuer eingekauft hat. Doch in diesem Falle erntete Vater Löwenhaupt überraschend hohes Lob. Mutter Löwenhaupt fand die Gans fett, gewichtig und preiswert. Das Hausmädchen Theres lobte das schöne weiße Gefieder; sie stellte jedoch die Frage, wo das Tier bis Weihnachten sich aufhalten solle?

Die zwölfjährige Elli, die zehnjährige Gerda und das kleine Peterle – Löwenhaupts Kinder – sahen aber hier überhaupt kein Problem, da es ja noch das Bad und das Kinderzimmer gäbe und das Gänschen unbedingt Wasser brauche, sich zu reinigen. Die Eltern entschieden jedoch, dass die neue Hausgenossin im Allgemeinen in einer Kiste in dem kleinen warmen Kartoffelkeller ihr Quartier beziehen solle und dass die Kinder sie bei Tag eine Stunde lang draußen im Garten hüten dürften.

So war das Glück allgemein.

Anfangs befolgten die Kinder genau diese Anordnung der Eltern. Eines Abends aber begann das siebenjährige Peterle in seinem Bettchen zu klagen, dass »Gustje« – man hatte die Gans aus einem nicht erfindbaren Grunde Auguste genannt – bestimmt unten im Keller friere. Seine Schwester Elli, der man im Schlafzimmer die Aufsicht über die beiden jüngeren Geschwister übertragen hatte, suchte das Brüderchen zu beruhigen, dass Auguste ja ein dickes Daunengefieder habe, das sie aufplustern könne wie eine Decke.

»Warum plustert sie es auf?«, fragte das Peterle.

»Ich sagte doch, dass es dann wie eine Decke ist.«

»Warum braucht Gustje denn eine Decke?«

»Mein Gott, weil sie dann nicht friert, du Dummerjan!«

»Also ist es doch kalt im Keller!«, sagte jetzt Gerda.

»Es ist kalt im Keller!«, echote Peterle und begann gleich zu heulen.

»Gustje friert! Ich will nicht, dass Gustje friert. Ich hole Gustje herauf zu mir!«

Damit war er schon aus dem Bett und tapste zur Tür. Die große Schwester Elli fing ihn ab und suchte ihn wieder ins Bett zu tragen. Aber die jüngere Gerda kam Peterle zu Hilfe. Peterle heulte: »Ich will zu Gustje!« Elli schimpfte. Gerda entriss ihr den kleinen Bruder.

Mitten in dem Tumult erschien die Mutter. Peterle wurde im Elternzimmer in das Bett der Mutter gelegt und den Schwestern sofortige Ruhe anbefohlen.

Diese Nacht ging ohne weiteren Zwischenfall vorüber.

Doch am übernächsten Tage hatten sich Gerda und Peter, der wieder im Kinderzimmer schlief, verständigt. Abwechselnd blieb immer einer der beiden wach und weckte den andern. Als nun die ältere Schwester Elli schlief und im Haus alles stille schien, schlichen die zwei auf den nackten Zehenspitzen in den Keller, holten die Gans Auguste aus ihrer Kiste, in der sie auf Lappen und Sägespänen lag, und trugen sie leise hinauf in ihr Zimmer. Bisher war Auguste recht verschlafen gewesen und hatte bloß etwas geschnattert wie: »Lat mi in Ruh, lat mi in Ruh!«

Aber plötzlich fing sie laut an zu schreien: »Ick will in min Truh, ick will in min Truh!«

Schon gingen überall die Türen auf.

Die Mutter kam hervorgestürzt. Theres, das Hausmädchen, rannte von ihrer Kammer her die Stiegen hinunter. Auch die zwölfjährige Elli war aufgewacht, aus ihrem Bett gesprungen und schaute durch den Türspalt. Die kleine Gerda aber hatte in ihrem Schreck die Gans losgelassen, und jetzt flatterte und schnatterte Auguste im Treppenhaus umher. Ein Glück, dass der Vater noch nicht zu Hause war! Bei der nun einsetzenden Jagd durch das Treppenhaus und die Korridore verlor Auguste, bis man sie eingefangen hatte, eine Anzahl Federn. Die atemlose Theres schlug sie in eine Decke, woraus sie nunmehr ununterbrochen schimpfte:

>>Lat mi in Ruh, lat mi in Ruh!
Ick will in min Truh!<<

Und da begann auch noch das Peterle zu heulen: »Ich will Gustje haben! Gustje soll mit mir schlafen!«

Die Mutter, die ihn ins Bett legte, suchte ihm zu erklären, dass die Gans jetzt wieder in ihre Kiste in den Keller müsse.

»Warum muss sie denn in den Keller?«, fragte Peterle.

»Weil eine Gans nicht im Bett schlafen kann.«

»Warum kann denn Gustje nicht im Bett schlafen?«

»Im Bett schlafen nur Menschen; und jetzt sei still und mach die Augen zu!«

Die Mutter war schon an der Tür, da heulte Peterle wieder los: »Warum schlafen nur Menschen im Bett? Gustje friert unten; Gustje soll oben schlafen.«

Als die Mutter sah, wie aufgeregt Peterle war und dass man ihn nicht beruhigen konnte, erlaubte sie, dass man die Kiste aus dem Keller heraufholte und neben Peterles Bett stellte. Und siehe da, während Auguste droben in der Kiste noch vor sich hin schnatterte:

>»Lat man gut sin, lat man gut sin,
Hauptsach, dat ick in min Truh bin!«,

schliefen auch das Peterle und seine Geschwister ein.

Natürlich konnte man jetzt Auguste nicht wieder in den Keller bringen, zumal die Nächte immer kälter wurden, weil es schon mächtig auf Weihnachten ging. Auch benahm sich die Gans außerordentlich manierlich. Bei Tag ging sie mit Peterle spazieren und hielt sich getreulich an seiner Seite wie ein guter Kamerad, wobei sie ihren Kopf stolz hochtrug und ihren kleinen Freund mit ihrem Geplapper aufs Beste unterhielt. Sie erzählte dem Peterle, wie man die verschiedenen schmackhaften oder bitteren Gräser und Kräuter unterscheiden könne, wie ihre Geschwister – die Wildgänse – im Herbst nach Süden in wärmere Länder zögen und wie umgekehrt die Schneegänse sich am wohlsten in Eisgegenden fühlten. So viel konnte Auguste dem Peterle erzählen; und auf all sein »Warum« und »Weshalb« antwortete sie gern und geduldig. Auch die anderen Kinder gewöhnten sich immer mehr an Auguste. Peterle aber liebte seine Gustje so, dass beide schier unzertrennlich wurden. So kam es, dass eines Abends, als Peterle vom Bett aus noch ein paar Fragen an Gustje richtete, diese zu ihrem Freund einfach ins Bett schlüpfte, um sich leiser und ungestörter mit ihm unterhalten zu können. Elli und Gerda gönnten dem Brüderchen die Freude.

Am frühen Morgen aber, als die Kinder noch schliefen, hopste Auguste wieder in ihre Kiste am Boden, steckte ihren Kopf unter die weißen Flügel und tat, als sei nichts geschehen.

Doch das Weihnachtsfest rückte näher und näher. Eines Mittags meinte der Sänger Löwenhaupt plötzlich zu seiner Frau, dass es nun mit Auguste »so weit wäre«. Mutter Löwenhaupt machte ihrem Mann erschrocken ein Zeichen, in Gegenwart der Kinder zu schweigen.

Nach Tisch, als der Sänger Luitpold Löwenhaupt mit seiner Frau allein war, fragte er sie, was das seltsame Gebaren zu bedeuten habe? Und nun erzählte Mutter Löwenhaupt, wie sehr sich die Kinder – vor allem Peterle – an Auguste, die Gans, gewöhnt hätten und dass es ganz unmöglich sei …

»Was ist unmöglich?«, fragte Vater Löwenhaupt.

Die Mutter schwieg und sah ihn nur an.

»Ach so!«, grollte Vater Löwenhaupt. »Ihr glaubt, ich habe die Gans als Spielzeug für die Kinder gekauft? Ein nettes Spielzeug! Und ich? Was wird aus mir?!«

»Aber Luitpold, verstehe doch!«, suchte die Mutter ihn zu beschwichtigen.

»Natürlich, ich verstehe ja schon!«, zürnte der Vater. »Ich muss wie stets hintenanstehn!« Und als habe diese furchtbare Feststellung seine sämtlichen Energien entfesselt, donnerte er jetzt los: »Die Gans kommt auf den Weihnachtstisch mit Rotkraut und gedünsteten Äpfeln! Dazu wurde sie gekauft! Und basta!«

Eine Tür knallte zu.

Die Mutter wusste, dass in diesem Stadium mit einem Mann und dazu noch einem Opernsänger nichts anzufangen war. Sie setzte sich in ihr Zimmer über eine Näharbeit und vergoss ein paar Tränen. Dann beriet sie mit ihrer Hausgehilfin Theres, was zu tun sei, da bis Weihnachten nur noch eine Woche war. Sollte man eine andere, schon gerupfte und ausgenommene Gans kaufen? Doch dazu reichte das Haushaltungsgeld nicht. Aber was würde man, wenn die Gans Auguste nicht mehr da wäre, den Kindern sagen? Durfte man sie überhaupt belügen? Und wer im Hause würde es fertigbringen, Auguste ins Jenseits zu senden?

»Soll der Herr es selbst tun!«, schlug Theres vor.

Die Mutter fand diesen Rat nicht schlecht, zumal ihr Mann zu der Gans nur geringe persönliche Beziehungen hatte.

Als nun der Sänger Luitpold Löwenhaupt abends aus der Oper heimkam, wo er eine Heldenpartie gesungen hatte, und die Mutter ihm jenen Vorschlag machte, erwiderte er: »Oh, ihr Weibervolk! Wo ist der Vogel?«

Theres sollte leise die Gans herunterholen. Natürlich wachte Auguste auf und schrie sofort aus vollem Hals:

>>Ick will min Ruh, min Ruh!
Lat mi in min Truh!<<

Peterle und die Schwestern erwachten, es gab einen Höllenspektakel. Die Mutter weinte, Theres ließ die Gans flattern; diese segelte hinunter in den Hausflur. Vater Löwenhaupt, der jetzt zeigen wollte, was ein echter Mann und Hausherr ist, rannte hinter Auguste her, trieb sie in die Ecke, griff mutig zu und holte aus der Küche einen Gegenstand. Während die Mutter die Kinder oben im Schlafzimmer hielt, ging der Vater mit der Gans in die entfernteste, dunkelste Gartenecke, um sein Werk zu vollbringen. Die Gans Auguste aber schrie Zeter und Mordio, indessen die Mutter und Theres lauschten, wann sie endgültig verstummen werde. Aber Auguste verstummte nicht, sondern schimpfte auch im Garten immerzu. Schließlich trat doch Stille ein. Der Mutter liefen die Tränen über die Wangen, und auch Peterle jammerte: >>Wo ist meine Gustje? Wo ist Gustje?<<

Jetzt knarrte drunten die Haustür. Die Mutter eilte hinunter. Vater Löwenhaupt stand mit schweißbedecktem Gesicht und wirrem Haar da ... doch ohne Auguste.

>>Wo ist sie?<<, fragte die Mutter.

Draußen im Garten hörte man jetzt wieder ein schnatterndes Schimpfen:

»Ick will min Ruh, ick will min Ruh!
Lat mi in min Truh!«

»Ich habe es nicht vermocht. Oh, dieser Schwanengesang!«, erklärte Vater Löwenhaupt.

Man brachte also die unbeschädigte Auguste wieder hinauf zum Peterle, das ganz glücklich seine »Gustje« zu sich nahm und sie streichelnd einschlief.

Inzwischen brütete Vater Löwenhaupt, wie er dennoch seinen Willen durchsetzen könne, wenn auch auf möglichst schmerzlose Art. Er dachte und dachte nach, während er sich in bläulich graue Wolken dichten Zigarrenrauches hüllte. Plötzlich kam ihm die Erleuchtung.

Am nächsten Tag mischte er der Gans Auguste in ihren Kartoffelbrei zehn aufgelöste Tabletten Veronal, eine Dosis, die ausreicht, einen erwachsenen Menschen in einen tödlichen Schlaf zu versetzen. Damit musste sich auch die Mutter einverstanden erklären.

Tatsächlich begann am folgenden Nachmittag die Gans Auguste nach ihrer Mahlzeit seltsam umherzutorkeln, wie eine Traumtänzerin von einem Bein auf das andere zu treten, mit den Flügeln dazu zu fächeln und schließlich nach einigen langsamen Kreiselbewegungen sich mitten auf dem Küchenboden hinzulegen und zu schlafen.

Vergebens versuchten die Kinder sie zu wecken.

Auguste bewegte etwas die Flügel und rührte sich nicht mehr.

»Was tut Gustje?«, fragte das Peterle.

»Sie hält ihren Winterschlaf«, erklärte ihm Vater Löwenhaupt und wollte sich aus dem Staube machen. Aber Peterle hielt den Vater fest. »Weshalb hält Gustje jetzt den Winterschlaf?«

»Sie muss sich ausruhen für den Frühling.« Doch Vater Löwenhaupt war es nicht wohl bei dem Examen. Er konnte seinem Söhnchen Peterle nicht in die Augen sehen. Auch die Mutter und das Hausmädchen Theres gingen den Kindern so viel wie möglich aus dem Wege.

Peterle trug seine bewegungslose Freundin Gustje zu sich hinauf in die kleine Kiste. Als die Kinder nun schliefen, holte Theres die Gans hinunter und begann sie – da Vater Löwenhaupt versicherte, die zehn Veronaltabletten würden einen Schwergewichtsboxer unweigerlich ins Jenseits befördert haben –, Theres begann, wobei ihr die Tränen über die Wangen rollten, die Gans zu rupfen und sie dann in die Speisekammer zu legen. Als Vater Löwenhaupt seiner Frau »Gute Nacht« sagen wollte, stellte sie sich schlafend und antwortete nicht. Bei Nacht wachte er auf, weil er neben sich ein leises Schluchzen vernahm. Auch Theres schlief nicht; sie überlegte, was man den Kindern sagen werde. Zudem wusste sie nicht, hatte sie im Traum Auguste schnattern gehört:

»Lat mi in Ruh, lat mi in Ruh!
Ick will in min Truh!«

So kam der Morgen. Theres war als erste in der Küche.
Draußen fiel in dicken Flocken der Schnee.

Was war das? Träumte sie noch?

Aus der Speisekammer drang ein deutliches Ge-
schnatter. Unmöglich! Wie Theres die Tür zur Kammer öffnete, tapste ihr schnatternd und schimpfend die
gerupfte Auguste entgegen. Theres stieß einen Schrei
aus; ihr zitterten die Knie. Auguste aber schimpfte:

»Ick frier, als ob ick keen Federn nich hätt'
Man trag mich gleich wieder in Peterles Bett!«

Jetzt waren auch die Mutter und Vater Löwenhaupt
erschienen. Der Vater bedeckte mit seinen Händen die
Augen, als stünde da ein Gespenst.

Die Mutter aber sagte zu ihm: »Was nun?«

»Einen Kognak! Einen starken Kaffee!«, stöhnte der
Vater und sank auf einen Stuhl.

»Jetzt werde ich die Sache in die Hand nehmen!«,
erklärte die Mutter energisch. Sie ordnete an, dass
Theres den Wäschekorb bringe und eine Wolldecke.
Dann umhüllte sie die nackte, frierende Gans mit der
Decke, legte sie in den Korb und tat noch zwei Krüge
mit heißem Wasser an beide Seiten.

Vater Löwenhaupt, der inzwischen zwei Kognaks
hinuntergekippt hatte, erhob sich leise vom Stuhl, um
aus der Küche zu verschwinden. Doch die Mutter hielt

ihn fest; sie befahl: »Gehe sofort in die Breite Straße und kaufe fünfhundert Gramm gute weiße Wolle!«

»Wieso Wolle?«

»Geh, und frage nicht!«

Vater Löwenhaupt war noch so erschüttert, dass er nicht widersprach, seinen Hut und Überzieher nahm und eiligst das Haus verließ.

Schon nach einer Stunde saßen die Mutter und Theres im Wohnzimmer und begannen für Auguste aus weißer Wolle einen Pullover zu stricken. Am Nachmittag nach Schulschluss halfen ihnen die Töchter Elli und Gerda. Peterle aber durfte sein Gustje auf dem Schoß halten und ihr immer den neu entstehenden Pullover, in den für die Flügel, den Hals, die Beine und den kleinen Sterz Öffnungen bleiben mussten, anprobieren helfen. Bereits am Abend war das Kunstwerk beendet.

Schnatternd und schimpfend, aber doch nicht mehr frierend stolzierte nun Auguste in ihrem wunderschönen weißen Wollkleid durchs Zimmer. Peterle sprang um sie herum und freute sich, dass Gustjes Winterschlaf so schnell zu Ende war, dass er wieder mit ihr spielen und sich unterhalten konnte. Auguste aber schimpfte:

»Winterschlaf ist schnacke-schnick;
Hätt ick min Federn bloß zurück!«

Als Vater Löwenhaupt zum Abendessen kam und Auguste in ihrem schicken Pullover mit Rollkragen um den langen Gänsehals dahertapsen sah, meinte er: »Sie ist schöner als je! So ein Exemplar gibt es auf der ganzen Welt nicht mehr!«

Die Mutter aber erwiderte hierauf nichts, sondern sah ihn bloß an.

Natürlich musste man für Auguste noch einen zweiten Pullover stricken, diesmal einen graublauen, zum Wechseln, wenn der weiße gewaschen wurde. Natürlich nahm Auguste als wesentliches Mitglied der Familie groß am Weihnachtsfest teil. Natürlich war Auguste auch das am meisten bewunderte Lebewesen des ganzen Stadtteils, wenn Peterle mit der Weihnachtsgans in ihrem schmucken Sweater spazieren ging.

Und als der Frühling kam, war der Auguste bereits wieder ein warmer Federflaum gewachsen. So konnte man den Pullover mit den anderen Wintersachen einmotten. Gustje aber durfte jetzt sogar beim Mittagstisch auf dem Schoß von Peterle sitzen, wo sie ihr kleiner Freund mit Kartoffelstückchen fütterte.

Sie war der Liebling der ganzen Familie. Und Vater Löwenhaupt bemerkte immer wieder stolz: »Na, wer hat euch denn Auguste mitgebracht? Wer?«

Die Mutter sah ihn an und lächelte. Peterle jedoch echote: »Ja, wer hat Gustje uns mitgebracht«; und dabei sprang er gerührt auf und umarmte den Vater. Dann hob er seine Gustje empor und ließ sie dem Vater »einen Kuss« geben, was bedeutete, dass Auguste den Vater Löwenhaupt schnatternd mit ihrem Schnabel an der Nase zwickte.

Spätabends im Bett aber fragt Peterle seine Gustje, indem er sie fest an sich drückt: »Warum hast du denn vor Weihnachten den Winterschlaf gehalten?«

Und Gustje antwortet schläfrig: »Weil man mir die Federn rupfen wollte.«

»Und warum wollte man dir die Federn rupfen?«

»Weil man mir dann einen Pullover stricken konnte«, gähnte Gustje, halb schon im Schlaf.

»Und warum wollte man dir denn einen Pullover …« Aber da geht es auch bei Peterle nicht mehr weiter. Mit seiner Gustje im Arm ist er glücklich eingeschlafen.